O Aviso-Prévio Proporcional

Ideias e perspectivas para uma interpretação constitucional do Instituto e da Lei n. 12.506/11

Rafael Salles da Mata Machado

Mestre em Direito Privado (Direito do Trabalho) pela Pontifícia Universidade Católica de Minas Gerais — PUC-MG. Especialista em Direito Tributário pela Pontifícia Universidade Católica de Minas Gerais — PUC-MG. Membro componente do grupo de pesquisa Efetivação dos Direitos Fundamentais Trabalhistas — Estudos de caso através da jurisprudência do TST e TRTs. Palestrante. Lecionou Direito do Trabalho e Direito Processual do Trabalho na Faculdade Pitágoras/MG. Assessor do Juiz Titular da 2ª Vara do Trabalho de Florianópolis/SC.

O Aviso-Prévio Proporcional

Ideias e perspectivas para uma interpretação constitucional do Instituto e da Lei n. 12.506/11

LTr®

EDITORA LTDA.

Rua Jaguaribe, 571
CEP 01224-001
São Paulo, SP — Brasil
Fone (11) 2167-1101
www.ltr.com.br
Novembro, 2015

Produção Gráfica e Editoração Eletrônica: R. P. TIEZZI
Projeto de Capa: FÁBIO GIGLIO
Impressão: PIMENTA GRÁFICA

Versão impressa — LTr 5186.5 — ISBN 978-85-361-8575-0
Versão digital — LTr 8783.2 — ISBN 978-85-361-8553-8

Dados Internacionais de Catalogação na Publicação (CIP)
(Câmara Brasileira do Livro, SP, Brasil)

Machado, Rafael Salles da Mata

O aviso-prévio proporcional : ideias e perspectivas para uma interpretação constitucional do instituto e da Lei n. 12.506/11 / Rafael Salles da Mata Machado. — São Paulo : LTr, 2015.

Bibliografia.

1. Aviso-prévio 2. Aviso-prévio — Leis e legislação — Brasil I. Título.

15-06576 CDU-34:331.106.4(81)

Índice para catálogo sistemático:

1. Brasil : Aviso-prévio : Leis e legislação : Direito do trabalho 34:331.106.4(81)

À Cássia, meu grande amor, presente em todos os momentos.

Ao meu filho Rodrigo, amado de forma incondicional.

À minha mãe, ao meu avô, à minha avó e aos meus irmãos, pelo apoio e pelo incentivo desmensurados.

Ao Cid e à Marília, meus novos pais,
por toda a ajuda e pelo carinho.

Ao professor Renault, ao René e à Ângela, em nome de todos os meus mestres, pelo que sou e pelo que é esta dissertação.

Ao Amigo Túlio e família, por toda ajuda e apoio. Aos amigos e alunos, partes importantes da minha trajetória.

Agradecimentos

A todos os que contribuíram para a realização deste trabalho, fica expressa aqui a minha imensa gratidão, especialmente:

À minha esposa Cássia a quem agradeço por todo o amor, amizade, companheirismo, paciência e pelo tempo que graciosamente me cedeu.

Ao meu filho Rodrigo, que trouxe luz e uma nova razão para minha vida.

À minha mãe Consuelo, mulher verdadeiramente de fibra, pelo amor sem medidas, pela abdicação, exemplo e dedicação de uma vida aos filhos; e ao meu pai, Nélio, por tudo o que representa.

Aos meus avós Edmar e Neyde, por tudo o que representam em minha vida.

À minha irmã Fernanda, pela contribuição nesta dissertação e pelo carinho e amizade.

Ao Gui, meu irmão caçula, amigo de todas as horas, pela admiração, apoio e carinho.

Aos meus novos pais, Cid e Marília, pelo acolhimento, ajuda e afeto.

A toda a família, pela torcida em todas as minhas conquistas.

Aos amigos, irmãos de toda vida, Felipe, João, Lucas, David, Bruno, Getúlio, Leonardo e Thiago, que por estarem sempre ao meu lado, de forma incondicional, tornam minha vida mais leve.

Ao meu orientador, Professor Luiz Otávio Linhares Renault, pelo voto de confiança que depositou neste estudo, pelo aprendizado dentro e fora das salas de aula e por ser um exemplo de profissional a ser seguido. Nunca me esquecerei de suas aulas nem de seu comprometimento para com os alunos.

À Ângela, por todo apoio, pelo carinho, por seu rigor e sua disponibilidade e por ter me ajudado a me tornar mais disciplinado e organizado. Muito obrigado por tudo.

Ao René, que em muitas vezes foi um verdadeiro pai, em outras, um irmão mais velho e sempre um grande amigo. Obrigado pelo carinho e por ter me ensinado uma forma melhor de ver o mundo.

Ao amigo Válter Túlio Amado Ribeiro, que também se revelou um irmão; à Rosiris e à Sofia, agradeço pela acolhida, carinho e por tudo que fizeram por mim.

Aos professores do mestrado e da graduação que fizeram parte da minha vida acadêmica, especialmente aos professores Márcio Túlio Vianna, José Roberto Freire Pimenta e Maria Cecília Máximo Teodoro, por dividirem seus conhecimentos contribuindo para a minha formação profissional. Aos funcionários da PUC, pela presteza e ajuda incondicional.

A todos os amigos, por fazerem parte da minha vida, enchendo-a de alegria; aos colegas do mestrado e especialmente àqueles que tiveram participação direta nesta dissertação, seja por meio de incentivos, diálogos, indicações de livros, debates, seja mesmo com uma palavra de apoio. Especialmente ao Rafael Morais, Marcos Miranda, Ernane Salles e à Jordana Duarte.

Aos coordenadores Célio Stigert e Neimar Gouvea da Faculdade Pitágoras, na qual tive a honra de lecionar; aos colegas professores, aos funcionários e a todos os meus estimados alunos dos cursos de Direito e de Administração de Empresas.

Aos meus colegas de estudo e amigos, parte da minha formação, especialmente ao Frederico Cardoso, Lucas Miranda e à Andressa Baptista.

À Luciana Nunes Gouvêa, a quem tenho como uma referência profissional; agradeço por tudo.

Aos amigos do Escritório Melo Campos, Urbano e Tavares e Oliveira Souza e Santos.

Aos colegas e amigos do Tribunal Regional do Trabalho da 12ª Região, especialmente os das Varas de Tubarão, minha primeira lotação, e ao Dr. Daniel Lisboa, brilhante juiz e professor, que muito me ensinou.

À Dra. Cristiana Fenelon, grande amiga, que me serve de inspiração pela energia e positividade.

Por fim, agradeço a todos os que, de alguma forma, contribuíram para a realização deste trabalho.

Muito obrigado!

Sumário

Sem aviso

O fim está ali, talvez além,
quem sabe se a dois passos, se distante,
numa curva apertada para quem
o fio da navalha é uma constante;
o fim da caminhada pode bem
irromper sem aviso, fulminante,
mormente quando os fins levam alguém
a render-se ao aperto sufocante.

O fim da confiança, sobretudo,
em quem impõe as leis e fica surdo
ao clamor da revolta que se espalha,
que perante o rigor dos editais,
ameaça explodir — e talhar mais
o negrume cerrado da mortalha.

(Domingos da Mota 2013)

Apresentação

Este trabalho propõe a discutir um dos mais relevantes e polêmicos temas da atualidade no que se refere a prática trabalhista: o aviso-prévio proporcional ao tempo de serviço.

O instituto do aviso-prévio, de origem secular, já foi objeto de inúmeros debates desde que incorporado pelo Direito do Trabalho. Muitas discussões, no entanto, restavam adormecidas e esse instituto vinha bem cumprindo seu papel de evitar a surpresa e promover certa harmonia no momento da ruptura do contrato de trabalho.

Ocorre que, com o advento da Lei n. 12.506, de 13 de outubro de 2011, que regulamentou a proporcionalidade, o aviso-prévio, que sempre teve como principal função manter o equilíbrio entre empregado e empregador quando do término da relação de emprego, passou a ser gerador de instabilidade. Reacenderam-se, também antigos debates.

O problema que a doutrina vem apontando é o fato de que a Lei deixou em aberto alguns espaços para a interpretação que deveria ter sido mais clara.

A falta de uma definição jurisprudencial e de norte interpretativo revela, então, outra faceta desse mesmo problema. É que a Lei em comento trata de questões de ordem eminentemente práticas que influenciam diretamente nas rescisões trabalhistas, no cálculo dos valores devidos aos trabalhadores e nas provisões de gastos das empresas.

Para se ter ideia, em uma reportagem de Nielmar de Oliveira publicada pela Agência Brasil — Empresa Brasil de Comunicação — EBC, em 22 de setembro de 2011, segundo Luciana Sá, a Firjan fez uma estimativa sobre o aumento do custo das empresas com o pagamento do aviso-prévio a partir da decisão da Câmara: "O custo do aviso-prévio pode aumentar em até 21%, o que significa uma elevação, em valores de 2010, no ônus real das demissões equivalente a R$ 1,9 bilhão ao ano" (EBC, 2011).

Verifica-se, então, que a falta de clareza sobre alguns aspectos da sua aplicação pode causar prejuízos ou desajustes financeiros de grande monta, tanto para o empregado quanto para o empregador na terminação dos contratos.

Por tais motivos, o aprofundamento da discussão e a busca por um caminho hermenêutico mais seguro é uma medida que se impõe. Este trabalho, justifica-se, pois, no fato de não haver ainda esse caminho e prevalecer muitas controvérsias doutrinárias e jurisprudenciais acerca da interpretação da mencionada Lei em diversos pontos, causando insegurança.

O esperado nos mantém fortes, firmes e em pé.
O inesperado nos torna frágeis e propõe recomeços.

(Machado de Assis, 2013)

O som do inesperado é ensurdecedor.
Hoje sorrio pela metade, queria minha rotina maçante de volta.
Pra poder ser feliz por inteiro, pra poder ser mais
quem eu costumava ser do que quem sou.

(Laís F., 2013)

1. Introdução

"Ora, tudo têm feito os doutrinadores, os legisladores e os governos, no sentido de estabelecerem, solidamente, a harmonia e o equilíbrio entre o Capital e o Trabalho. A surpresa de tais rompimentos contratuais, por certo, em nada pode contribuir para que esse desideratum *almejado seja atingido. Ela reviveria a atmosfera de prevenções desconfiadas em que viveram, antes do advento do 'novo direito', as partes contratantes. Ela lançaria, de uma hora para outra, um empregado no rol angustioso dos* chômeurs *(desempregados), onde só a custa de renovados e ingentes sacrifícios conseguirá evadir-se.*

Eis aí o ponto em que calha dar saliência ao papel representado pelo aviso-prévio na mecânica da rescisão do contrato de trabalho, mas com aquele revestimento que lhe desejaram Barasi e Peretti Griva quando sentenciaram que sua duração, logicamente, devia estender-se até o momento em que o empregado conseguisse recolocar-se."

PIMPÃO, 1951, p. 89

O aviso-prévio, de origem secular, já foi objeto de inúmeros debates desde que incorporado pelo Direito do Trabalho. Muitas discussões, contudo, restavam adormecidas, e esse instituto[1] vinha cumprindo, na forma dos arts. 487 a 491 da Consolidação da Lei do Trabalho (CLT), a função de evitar a surpresa e promover uma certa harmonia no momento da ruptura do contrato de trabalho.

Carregado com forte matiz axiológico de sua concepção clássica, ligada aos ideais do Estado Liberal, individualista e absenteísta, o aviso-prévio, da forma como vinha sendo tratado na CLT — de maneira isonômica e recíproca

---

(1) "Instituto Jurídico" é um termo genérico que se usa em Direito para dizer que determinada situação, medida, condição ou um fato é algo que é tão especial (no sentido de "consolidado pelo uso e pela tradição durante longos séculos") para a vida em sociedade que deve ser tratado como um "instituto jurídico" que merece um tratamento diferenciado (ALVES, 2012).

—, mais se expressava como instrumento da liberdade contratual (garantia do direito potestativo de resilição) do que como instrumento de proteção ao trabalhador.

Mesmo tendo o Estado brasileiro abandonado o modelo liberal desde a Constituição de 1934 e adotado o modelo democrático social — influenciado pelos movimentos constitucionalistas do pós-guerra (Constituição Mexicana de 1917 e de Weimar de 1919), permaneceu o aviso-prévio parcialmente orientado pela sua concepção clássica até a promulgação da Constituição de 1988.

A referida Carta marcou um novo estágio de desenvolvimento na sociedade brasileira. Surgida em um contexto de preservação e realização dos direitos fundamentais do indivíduo e da coletividade, instituiu o Estado Democrático de Direito destinado a assegurar o exercício dos direitos sociais e individuais, assim como o bem-estar, o desenvolvimento, a igualdade e a justiça social. Essa nova ordem instituída elegeu como seus fundamentos o valor social do trabalho, que também tornou-se um princípio da atividade econômica.

Para atingir os fins visados pela nova ordem instaurada, o aviso-prévio, como bem afirmou Arnaldo Süssekind, citado por Ludwig (2012), passou a integrar um rol de proteção ao emprego. "Tal proteção foi disciplinada em um sistema que compõe a indenização compensatória diante da despedida arbitrária ou sem justa causa (inciso I), o Fundo de Garantia do Tempo de Serviço (inciso III) e o aviso-prévio (inciso XXI)."

O aviso-prévio passa, então, a ser compreendido de uma nova forma, que diversos autores, entre os quais Renato Rua Almeida (1992), nomearam "concepção contemporânea" do instituto. Sem excluir sua função clássica de evitar as surpresas, passa a ser um direito fundamental do trabalhador, com status de norma constitucional (art. 7º, inciso XXI) e integrante de um sistema limitador do direito potestativo de resilir com um prazo mínimo e proporcional ao tempo de serviço.

No entanto, a expressão final do texto constitucional apontava para a necessidade de uma lei que viabilizasse o exercício desse direito pelo trabalhador — segundo entendimento doutrinário e jurisprudencial dominante.

Até o advento da Lei n. 12.506, de 11 de outubro de 2011, publicado no DOU de 13 de outubro de 2011, vinte e dois anos após a promulgação da CR, que veio para regulamentar o tema, vários projetos de lei sobre a matéria tramitaram no Congresso Nacional.

No período em que o Congresso Nacional debatia a questão, paralelamente, na esfera judicial, havia pelo menos quatro Mandados de Injunção (MI) que tramitavam no STF (processos MI ns. 943, 1.011, 1.074 e 1.090) com o objetivo de suprir a lacuna deixada pelo legislador ordinário. Todavia, naquela época, os ministros do Supremo adotavam a tese "não concretista" nos mandados de injunção, em que a mora legislativa, quando reconhecida, era apenas comunicada ao congresso.

Com o passar do tempo, o pretório excelso mudou seu posicionamento e passou a adotar a tese concretista nos MIs e, em junho de 2011, no julgamento do processo MI n. 943 no STF, o ministro relator do processo declarou em seu voto que entendia procedente o Mandado, mas que sugeria a suspensão do julgamento para examinar melhor as hipóteses possíveis, oferecendo indícios que criariam um critério para suprir a omissão.

Diante do quadro conjuntural que se instaurou, supõe-se que os congressistas tenham ficado receosos de ter a proporcionalidade regulamentada pelos ministros do Supremo e, por pressão da classe empresária, mobilizaram-se para disciplinar o instituto do aviso-prévio proporcional. Em curto espaço de tempo, aprovaram projeto de lei que lá tramitava desde 1989, logo sancionado pela presidente da República, e que entrou em vigor na data da publicação.

A lei, contudo, limitou-se a tratar do prazo do aviso, estabelecendo, conforme determinado no art. 7º, inciso XXI, da CR, uma relação de proporção entre o período que deve anteceder a comunicação e o tempo do empregado na empresa, dando a entender que o instituto continuaria sendo regido pela CLT, adaptando o prazo à nova lei.

Ocorre que, conforme salientado por Mauricio Godinho Delgado (2006), o aviso-prévio é um instituto multidimensional que abrange não só o tempo, mas também a comunicação e o pagamento; e a alteração em um dos elementos provoca, inexoravelmente, reflexo nos outros e alteração na forma.

Ao alterar um dos componentes do instituto, a lei poderia ter esclarecido as implicações jurídicas que isso acarretaria, mas não o fez, deixando inúmeras dúvidas.

A existência dessas dúvidas fez com que o Ministério do Trabalho e Emprego (MTE) — órgão responsável pela homologação dos contratos de trabalho, ao lado dos sindicatos, por determinação do art. 477 da Consolidação das Leis do Trabalho — expedisse uma nota técnica em 2011, posteriormente substituída por um memorando em 2012, com a finalidade de esclarecer lacunas e omissões da mencionada lei.

Essas normas, entretanto, não têm caráter vinculante; têm incidência apenas no âmbito interno do órgão. Também não se revestem de definitividade, característica das leis, de maneira que não puseram fim às controvérsias surgidas desde a publicação da Lei n. 12.506/11. Servem, porém, essas normas, de parâmetros para interpretação.

Nesse contexto, e por se tratar a temática do aviso-prévio de matéria tão cara ao Direito Constitucional do Trabalho, renomados doutrinadores escreveram sobre o tema, apontando soluções para "dúvidas e controvérsias acerca das implicações jurídicas das novas regras" (CALVALCANTI, 2011).

Dentre esses autores, destacam-se Amauri Mascaro Nascimento (2012), Antônio Álvares da Silva, Estêvão Mallet (2011), Guilherme Ludwig (2011), Irany Ferrari e Melchíades Martins (2011), Jorge Cavalcanti (2011), Monteiro e Cremonesi (2011), Sergio Pinto Martins (2102) e Walter William Ripper (2012), que serão citados, entre outros, como referência teórica nesta obra.

Não se chegou, todavia, a consenso doutrinário acerca de vários pontos relacionados à interpretação e aplicação da dinâmica do aviso-prévio proporcional ao tempo de serviço. Não há, tampouco, jurisprudência pacífica indicando um caminho seguro a seguir.

Os principais pontos de conflito na interpretação e na aplicação da lei, apontados pelo Ministério do Trabalho e Emprego e pela doutrina, são:

— retroatividade;

— reciprocidade;

— forma;

— remuneração;

— aplicação do art. 488, inciso II da CLT;

— integração da projeção ao tempo de serviço;

— indenização adicional da Lei n. 6.708/79;

— aplicação das cláusulas (Contratos Individuais, Regulamentos de Empresa, Convenções e Acordos Coletivos de Trabalho) que já previam o aumento do prazo do aviso.

A perpetuação dessas dúvidas sobre questões tão importantes, até o presente momento, em nada contribuiu para a estabilidade e a pacificação social, escopo maior do direito e das leis, fato que leva à necessidade do aprofundamento do tema, objetivo desta dissertação.

Entende-se como necessário aprofundar os debates sobre a matéria, como forma de contribuir para que se identifique a interpretação mais condizente com os ideais de justiça social e valorização do trabalho, previstos na Constituição, e afastem-se inúmeras dificuldades que têm surgido no momento da rescisão dos contratos de trabalho desde a publicação da Lei n. 12.506, em 11 de outubro de 2011, que regulamentou o art. 7º, inciso XXI, da Constituição (após 22 anos da promulgação) e estabeleceu uma relação de proporcionalidade entre o prazo da comunicação do aviso-prévio e o tempo de serviço do empregado no emprego.

Destarte, nesta dissertação, será feita, em um primeiro momento, a análise e ampliada a compreensão do instituto secular Aviso-prévio, avaliada sua evolução e aplicação no Direito Brasileiro.

Em um segundo momento, propõe-se a comparar as soluções propostas pelos mais proeminentes doutrinadores, para aplicação e interpretação da Lei n. 12.506/11, com o objetivo de verificar qual(ais) proposta(s) será(ão) entendida(s) como mais adequada(s) ao tratamento constitucional dado ao Trabalho.

Essa verificação, feita por meio da análise comparativa, torna-se necessária, uma vez que os pontos conflituosos, especialmente aqueles indicados pelo Ministério do Trabalho e Emprego e pela doutrina, têm sido causadores de inúmeras dificuldades no momento da homologação das rescisões dos contratos de trabalho, causando, assim, insegurança jurídica.

Pretende-se, com a presente pesquisa, contribuir para que se afaste a indesejável instabilidade nas relações trabalhistas que podem advir da insegurança jurídica.

Para atingir esse objetivo, esta dissertação desenvolver-se-á da maneira descrita a seguir.

No capítulo 2, remonta-se às origens do aviso-prévio, às suas primeiras inserções em texto normativo e ao seu desenvolvimento, passando pela evolução das relações humanas e das relações de trabalho, com o intuito de desvelar sua finalidade essencial. Em um segundo momento, passa-se a analisar a mudança ocorrida no paradigma de Estado que gerou reflexos no pensamento jurídico, ocasionando uma mudança na forma de conceber o instituto. É nesse ponto que se fincam as bases para interpretação do instituto.

O capítulo 3 reporta-se à evolução legislativa do aviso-prévio no Brasil, juntamente com o desenvolvimento da legislação social, desde a primeira inserção no Código Comercial de 1850 até o advento da Constituição de 1988 — marca da implementação do Estado Democrático de Direito no país.

No capítulo 4, busca-se a compreensão do aviso-prévio, instituto do Direito do Trabalho, por meio do estudo de suas finalidades, elementos, natureza jurídica e efeitos. Esse ponto é de fundamental importância porquanto se identificam posicionamentos profundamente divergentes quanto à forma de interpretá-lo, especialmente na dimensão da proporcionalidade ao tempo de serviço.

No capítulo 5, passa-se a contextualizar o aviso-prévio na Constituição de 1988 e revela-se a nova forma de interpretá-lo. É explicitado o contexto de aprovação da Lei n. 12.506/11, que instituiu a proporcionalidade. Relatam-se as controvérsias advindas da sua interpretação, buscando evidenciar o caminho interpretativo mais condizente com os valores albergados na Carta Política. É um dos mais importantes capítulos desta dissertação, uma vez que será revelado o valor do trabalho; apresentada a necessidade de proteção ao emprego e demonstrado o papel que desempenha o instituto do aviso-prévio na égide do Estado Democrático de Direito.

No capítulo 6, será feito o estudo da Lei n. 12.506, de 13 de outubro de 2011, com as repercussões jurídicas causadas pelo seu advento. Serão analisados os pontos conflituosos, comparadas as interpretações propostas e verificada(s) qual(ais) dela(s) são mais adequadas às diretrizes propostas pela Constituição.

No capítulo 7, serão tecidas as considerações finais.

Ao final do trabalho, apresentam-se as leis, as notas técnicas e um quadro comparativo com súmula dos principais posicionamentos doutrinários estudados.

2. A Origem do Aviso-Prévio

"Narrar o passado, pensar no presente:

Fazer a História."[2]

A pesquisa sobre a origem das coisas é inerente à experiência humana, é uma necessidade do homem. A memória recuperada do originário é o que nos possibilita transformar o passado em futuro conforme afirmação da psicanalista Maria Luiza de Assis Moura (2012).

No campo das ciências sociais, já se tem sedimentado que o conhecimento da História é imprescindível para a compreensão de um fenômeno jurídico. Portanto, a origem de um instituto, no campo do direito, deve ser investigada para que se processe sua correta interpretação.

Essa ideia é bem exposta por Ronald Dworkin, um dos maiores jusfilósofos da atualidade. Esse autor desenvolve a tese da integridade do Direito, destacando a importância do conhecimento da História e das origens dos institutos jurídicos como sendo a base para o que chama de interpretação construtivista. Para ele, "a interpretação do Direito se dá pela reconstrução deste a partir das próprias práticas da sociedade personificada" (DWORKIN *apud* DMITRUK, 2007).

O direito é um fenômeno verificável, sempre, na realidade social, um fato social, portanto. É assim, produto da vida em sociedade que condiciona, mas também é condicionado pelo comportamento social. "O seu estudo passa pelo conhecimento dos fatores sociais que dão substrato para sua existência" (VIEIRA, 1988).

---

(2) SILVA, Fabio Henrique Montero. Narrar o passado, pensar no presente: fazer a história. *Ciências Humanas em Revista,* São Luís, v. 6, n. 1, 2008.

Partindo da compreensão do que foi dito acima, da necessidade de investigar as origens das coisas, especialmente no ramo jurídico, a proposta inicial deste capitulo será a de elaborar um esboço histórico do aviso-prévio no mundo do trabalho para que se possa compreender, no contexto em que surgiu, a finalidade para que foi concebido.

2.1. A origem do aviso-prévio nas diversas relações sociais

É possível remontar as origens do aviso-prévio à história da humanidade e das civilizações, quando "o homem compreendeu não poder viver sozinho a vaguear pelos campos e florestas, e compreendeu necessitar de se associar a outro homem para, juntos, vencerem as hostilidades naturais do meio"[(3)].

O homem é um ser relacional[(4)], como bem define a psicanálise, quando diz que a sobrevivência da espécie e a construção das subjetividades dependem do meio e das relações que o humano estabelece com seus semelhantes, ideia esta já incorporada pela filosofia do direito.

Com a sensibilidade que é peculiar dos poetas, o inglês John Donne, no século XVI, proferiu em um de seus versos a frase que viria posteriormente a se eternizar e ilustra essa realidade em livre tradução[(5)]:

> **Nenhum homem é uma ilha isolada**; cada homem é uma partícula do continente, uma parte da terra; se um torrão é arrastado para o mar, a Europa fica diminuída, como se fosse um promontório, como se fosse a casa dos teus amigos ou a tua própria; a morte de qualquer homem diminui-me, porque sou parte do gênero humano. E por isso não perguntes por quem os sinos dobram; eles dobram por ti. (DONNE, 1987 *apud* MARTINI, 2007, p. 121)

Ninguém duvida que a necessidade do ser humano de se relacionar é quase vital, sendo, então, decorrência natural que as pessoas envolvidas nessas relações criem expectativas recíprocas sobre os comportamentos umas das outras.

---

(3) PIMPÃO, Hirosê. *Aviso-prévio*. Rio de Janeiro: José Konfino, 1958. p. 27.

(4) Sigmund Freud, considerado pai da psicanálise, desenvolveu toda a sua construção teórica sob a premissa de que o ser humano é essencialmente um ser relacional.

(5) No man is an island, entire of itself; every man is a piece of the continent, a part of the main; if a clod be washed away by the sea, Europe is the less, as well as if a promontory were, as well as if a manor of thy friend's or of thine own were; any man's death diminishes me, because I am involved in mankind, and therefore never send to know for whom the bell tolls; it tolls for thee.

Nas relações de trato sucessivo, isto é, aquelas que não se encerram em um único ato, mas protraem-se indefinidamente, essas expectativas, ao longo do tempo, vão se confirmando e tornam-se ainda mais legítimas.

Torna-se, assim, intuitivo pensar, no caso de relações estabelecidas, que se espere daquele que pretende pôr fim nessa relação um comunicado, um AVISO dessa intenção ao(s) outros(s) envolvidos. Tanto melhor que esse aviso seja dado com uma antecedência razoável, que seja PRÉVIO ao rompimento, para que a parte surpreendida com a decisão da outra possa ter tempo para se reestruturar.

Todavia, o instituto só tem razão de ser se houver a possibilidade de as partes finalizarem o liame que as une sem que haja, no momento de seu estabelecimento, a previsão antecipada de quando se dará a ruptura do vínculo.

Desse modo, duas das premissas básicas do aviso-prévio podem ser fixadas: a primeira é a liberdade, especialmente a de se estabelecer e a de romper relações; a segunda é a existência de uma relação contínua sem prazo fixado ou previsto para sua extinção ou, no caso de haver termo prefixado, que haja possibilidade de rompimento antecipado sem previsão.

Essas premissas encaixam-se perfeitamente nas relações livres de trabalho(6) que, via de regra, são de trato sucessivo.

Nesse tipo de relação, quando não há um marco preestabelecido para sua terminação — como sói acontecer —, o compromisso entre os envolvidos renova-se diariamente, estabelecem-se laços de confiança e desenvolvem-se expectativas(7) recíprocas entre os envolvidos.

Conforme adverte Pimpão (1958), estabelecem-se diversos vínculos de dependência entre aquele que presta o serviço e o que dele usufrui; criam-se atilhos de caráter financeiro, moral, técnico e psicológico, de maneira que, para evitar os dissabores da ruptura brusca, o comunicado da intenção do rompimento, antecedente à sua efetivação, é medida que se impõe para manutenção da ordem e da harmonia social.

Diante dessas constatações, imagina-se então que o aviso-prévio do rompimento de qualquer relação humana, antes de ter sido uma construção jurídica, seria uma prática natural, decorrente dos usos e costumes e da necessidade de o ser humano se relacionar com outros(8) e da possibilidade de qualquer das partes finalizar a relação quando melhor lhe aprouver.

---

(6) Como bem ressaltado por Milton Vasques Tibau, o aviso-prévio tem como pressuposto as relações contratuais livres. No regime escravagista, *v. g.*, a aplicação desse instituto é impensável. Em sendo o escravo uma *rés* (coisa), o proprietário exerce sobre ele um direito real e não contratual.

(7) Entre as inúmeras expectativas que se formam, a principal delas, por parte do empregador, é ver o empregado desempenhando as tarefas a que se propôs com zelo e dedicação; o trabalhador, por outro lado, espera receber o pagamento combinado que lhe garantira a sobrevivência.

(8) Nesse sentido, Lemos afirma que, não obstante tenha as suas origens marcadas nos estatutos das corporações de ofício, o "aviso-prévio, muito antes de se incorporar ao direito laboral, nasceu com o

Nesse sentido Pimpão destaca que "o aviso-prévio é um dos institutos jurídicos que, antes de apanhados pelo tacto sensível do legislador, já palpitavam no ambiente das realidades sociais traçando-lhes modo de conduta" (PIMPÃO, 1958, p. 67).

O Direito, por seu turno, cuja função é regulamentar as relações sociais, tem na figura do aviso-prévio um instrumento de manutenção de equilíbrio entre as partes das relações humanas quando uma delas manifesta o intento de pôr fim a um pacto sucessivo firmado por tempo indeterminado. Esse pacto torna-se relação jurídica[9] na medida em que o ordenamento reconhece-lhe a validade e regulamenta-lhe os efeitos.

Por derivar-se da práxis e por ser notadamente um dos corolários da boa-fé objetiva — ainda que tecnicamente não se cogitasse falar em boa-fé objetiva quando do seu surgimento — e devido a sua importância para a manutenção do equilíbrio das partes, a figura do aviso-prévio passou a fazer parte do processo de extinção das relações jurídicas de trato sucessivo e prazo indeterminado em quase todas as searas do Direito. Vale a transcrição de De Plácido e Silva que bem ilustra essa situação:

> AVISO-PRÉVIO. Indica a expressão, a ciência ou notificação que se faz à pessoa, de ato que se pretende praticar; a fim de que, legalmente, possa ser ele cumprido.

Sendo assim, torna-se ato imprescindível, visto que, sem a prova dele, não se pode exigir aquilo que o direito assegura àquele que não avisou com antecedência, pois aviso-prévio se entende, precisamente, a notificação anterior, a ciência antecipada do que se pretende fazer.

Vários casos exigem o aviso-prévio:

> a) O do senhorio, para pedir a entrega do prédio locado quando não quer continuar a locação.
>
> b) O do adquirente, para cientificar o locatário de que pretende o prédio adquirido, a fim de que este o desocupe.

---

objetivo de informar o desfecho de uma relação obrigacional existente entre duas partes" (LEMOS, 2010, p. 1).

(9) O conceito de relação jurídica, veja-se em Maria Helena Diniz (*Compêndio de introdução à ciência do direito*. 7. ed. São Paulo: Saraiva, 1995. p. 459), segundo a qual, citando Del Vecchio, "a relação jurídica consiste num vínculo entre pessoas, em razão do qual uma pode pretender um bem a que outra é obrigada. Tal relação só existirá quando certas ações dos sujeitos, que constituem o âmbito pessoal de determinadas normas, forem relevantes no que atina ao caráter deôntico das normas aplicáveis à situação. Só haverá relação jurídica se o vínculo entre duas pessoas estiver normado, isto é, regulado por norma jurídica".

> c) O do condômino de parede-meia, para cientificar o consorte das obras que pretende executar na parede comum.
>
> d) O do proprietário que tem que entrar no prédio vizinho, para executar obras em seu próprio prédio, quando para tal se torna necessária essa entrada.
>
> e) O do empregado, quando pretende deixar o emprego, e o do patrão, quando pretende despedir o empregado. E se retira do estabelecimento, sem aviso-prévio, ou o outro despede de igual maneira, respondem pela omissão, que a falta do aviso representa.
>
> f) O do contratante em casos assinalados em contrato ou na lei, para fazer valer obrigação constante do próprio contrato, seja de prorrogação ou rescisão. (DE PLÁCIDO E SILVA, 1967, *apud* MARTINS NETTO, 1972, p. 14)

Conforme foi constatado, o pré-aviso é um instituto jurídico que serve a diversos ramos do Direito, sua origem antecede a própria formação do Direito do Trabalho, não lhe sendo, portanto, exclusivo[10], conforme esclarece D. Pozzo:

> [...] o aviso-prévio está longe de constituir figura nova no Direito, nem pertence, especificamente, ao âmbito do Direito do Trabalho. Na realidade, ele foi conhecido e aplicado em contratos de várias naturezas, muito antes de se cogitar de uma legislação própria para regulamentação das relações entre empregado e empregador. (JUAN D. POZZO, 1948, *apud* RUSSOMANO, 1961, p. 37)

Em síntese, o aviso-prévio é, antes de qualquer coisa, uma prática social intuitiva, incorporada e regulamentada por diversas áreas do Direito, não sendo restrito ao Direito do Trabalho. É certo, porém, que esse ramo jurídico também dele se apropriou, humanizou e cuidou de aprimorá-lo.

Assim, nas linhas que se seguem, em atenção aos objetivos desta dissertação, far-se-á uma breve recomposição da história da incorporação e do desenvolvimento do aviso-prévio nas relações de trabalho.

Proceder-se-á, para tanto, a um corte epistemológico, limitando-se a um escorço histórico dos fatos que mais contribuíram para a assimilação e formação do aludido instituto nas primeiras relações livres de trabalho.

---

(10) Nesse sentido, Russomano: "Vindo para o direito moderno através de velhas praxes, o aviso-prévio, portanto, é instituto secular, sendo conveniente repetir que ele foi adotado, a princípio, pelos legisladores civis e comerciais" (RUSSOMANO, 1961, p. 37).

2.2. *As primeiras relações livres de trabalho e as primeiras inserções do aviso-prévio em texto normativo*

Tão antigas quanto a própria sociedade são as relações entre aqueles que possuem a força-trabalho e os que possuem a força-capital — empregado e empregador[11].

É possível dizer que a história do trabalho e das relações de trabalho retrata a própria história do desenvolvimento da humanidade, pois "desde que o homem compreendeu não poder viver sozinho" "houve quem aproveitasse da habilidade e do trabalho de outrem". (PIMPÃO, 1958, p. 26).

Aqueles que se propuseram a desvendar a origem do aviso-prévio tiveram que buscar referências sobre instituto nas relações mais antigas.

Martins Catharino encontra até no DEUTERONÔMIO e nas instituições jurídicas de Roma as referências normativas mais antigas sobre o instituto.

No entanto, Russomano[12], ao citá-lo, não concorda com a afirmação de Catharino, pois entende, como a maioria dos autores, que a "origem do instituto se encontra no regime das corporações, dentro das quais se consolidou o princípio de que não seria conveniente a ninguém a cessação brusca da prestação de serviços" (RUSSOMANO, 1691, p. 37).

Além do propósito de evitar a terminação abruta das relações, o instituto surge com intuito de proteção contra a manutenção de vínculos eternos. Nesse sentido, o aviso-prévio era eminentemente uma manifestação da liberdade contratual.

Pelo fato do aviso-prévio ter como pressuposto básico a liberdade de se relacionar e de se desvincular da relação, como já visto, a maioria dos autores atribui sua origem aos estatutos das corporações de ofício, uma vez que foi no seio dessas organizações que ocorreram as primeiras relações livres de trabalho[13].

Melhor explicando, as corporações de ofício foram associações criadas para regulamentar o processo produtivo artesanal nas cidades, na Idade

---

(11) PIMPÃO, Hirosê. *Aviso-prévio*. Rio de Janeiro: José Konfino, 1958. p. 26.

(12) RUSSOMANO, Mozart Vitor. *O aviso-prévio no direito do trabalho*. Rio de Janeiro: José Konfino, 1961. p. 37.

(13) Reconhece-se que a liberdade no seio dessas corporações de ofício, via de regra, era quase inexistente, e que essas se revelaram, de fato, mais um sistema de exploração dos camponeses. Nesse sentido, Cotrim Neto afirma que "o sistema não passava, entretanto, de uma fórmula mais branda de escravização do trabalhador" (MARTINS NETTO, 1972, p. 12). Ocorre que anteriormente prevalecia a escravidão e a servidão pessoal, e nesses sistemas nem sequer a previsão, ainda que meramente formal, do aviso-prévio era possível.

Média, a partir do século XII, quando se iniciou o longo processo de transição do Feudalismo em direção ao Capitalismo[14].

Antes disso, na Europa Feudal, existia uma convivência aparentemente estável nas relações entre o trabalho do campo e o da cidade, com supremacia do primeiro.

Os camponeses ligavam-se ao senhor feudal por meio do contrato de colonato, em que o colono era obrigado a entregar metade da produção ao dono da terra, além de pagar uma taxa anual em troca da possibilidade de ocupar a terra para sobreviver.

Essa espécie de contrato de arrendamento feudal — o colonato[15] — servia como controle social no campo. As altas taxas cobradas dos camponeses e o dever de meação da produção tornavam o vínculo do colono e de seus familiares com o proprietário de terras praticamente incindível e serviam de esteio à servidão pessoal (modelo organizacional de trabalho) (ALMEIDA, 2011).

Com o desenvolvimento do artesanato, as trocas entre os feudos foram se intensificando e formaram-se feiras nos cruzamentos das estradas, perto dos castelos onde surgiram os burgos — cidades medievais —, que passaram a ser visitadas por comerciantes de outras localidades. A figura do comerciante e produtor na mesma pessoa começou a se desfazer. Sedimentou-se, de um lado, a figura dos que produziam e, de outro, a dos que comercializavam.

O crescimento da demanda por variedade de produtos intensificou a produção artesanal, e as atividades que existiam apenas para suprir as necessidades dos senhores encastelados tornaram-se atividades econômicas com significativo grau de autonomia.

Com o tempo, as oficinas artesanais e o comércio perderam sua característica de atividade paralela e submetida para tornar-se fonte efetiva de trabalho e de produção de riqueza.

Em decorrência dessas mudanças, os comerciantes passaram a atuar fora dos feudos e das cidades próximas, procurando no Oriente produtos de grande aceitação e baixo custo, atividade que lhes rendeu altos dividendos. Na mesma medida, a atividade entre mestres, oficiais e aprendizes passou a

---

(14) A passagem do Feudalismo para o Capitalismo se dá em um longo período de transição marcado pelo declínio da economia doméstica e de consumo, típicas da economia feudal. Para maior aprofundamento sobre o desenvolvimento da indústria e do sistema capitalista de produção, cf. MELINE, Jules. *Le retour à la terre et la superproduction industrielle.* 4. ed. Paris: Librarie Hachette et Cie, 1906. E também: ALMEIDA, Milton Vasques Thibau. *O aviso-prévio proporcional no contexto do sistema de proteção ao emprego* — epílogo da trajetória liberatória contra a manutenção das relações jurídicas indesejadas.

(15) O contrato de colonato, conforme Thibau, (2011) "tido como a última forma de contrato instituído pelo *Codice Juris Civile* do Direito Romano, é a única forma de cessão onerosa da posse da terra fora das muralhas de Roma".

não ser tão familiarizada. As cidades cresceram e houve grande aumento da oferta de mão de obra.

A terra passou a não ser a única forma de riqueza. O dinheiro, na figura do ouro e da prata, ressurge como a principal moeda de troca. Nasce a burguesia, uma nova classe social, com importante papel nas relações econômicas e políticas da época. Ocorre uma nova organização do trabalho e um novo modo de produção.

Nesse contexto, surgem as guildas — associações corporativas de vários artesãos de um mesmo ramo de atividade —, que visavam a regular e fortalecer o rendimento dos associados.

Com relação a essas associações de trabalhadores, Eugênio Perez Botija (1948) confirma que, "a fim de assegurar direitos e prerrogativas, os trabalhadores, aglutinando-se por identidade de profissão, deram ensejo ao aparecimento de *corporações de ofícios* ou 'associações de arte e misteres'" (NETTO, 1972, p. 9).

Esclarecendo sobre a importância dessas associações, Segadas Vianna acrescenta:

> As corporações estabeleciam suas próprias leis profissionais e recebiam, por outro lado, privilégios concedidos pelos reis, desejosos de enfraquecer o poderio dos nobres senhores de terra e, também, pelo serviço que prestavam ao erário, como órgão de arrecadação de certos impostos. Mais tarde, entretanto, os próprios reis e imperadores sentiram a necessidade de restringir os direitos das corporações, fosse para evitar sua influência política, fosse para amenizar a sorte dos aprendizes e trabalhadores. (NETTO, 1972, p. 11)

Ainda quanto ao papel histórico das chamadas "guildas", Sergio Pinto Martins (2003) acrescenta que, apesar de haver nessa época da história um pouco mais de liberdade ao trabalhador[16], haja vista que antes vigorava o sistemas da escravidão e da servidão pessoal, não eram os objetivos dessas associações conferir qualquer tipo de proteção ao trabalhador, mas sim a defesa dos seus próprios interesses (MARTINS, 2012, p. 34).

Na sua evolução histórica, as corporações passaram a ter as seguintes características: regular a capacidade produtiva, regulamentar a técnica de produção e estabelecer uma estrutura hierárquica composta de mestres, companheiros e aprendizes.

---

(16) Cotrim Neto afirmou que "o sistema não passava, entretanto, de uma fórmula mais branda de escravização do trabalhador" (NETTO, 1972, p. 12). O trabalho prestado nas corporações de ofício era formalmente livre, mas de fato era mais um sistema de opressão do trabalhador, isso porque essas corporações se estruturavam de forma hermética, em um sistema semelhante ao que se chama hoje de *truck sistem*, em que o aprendiz raramente galgaria condição de mestre.

Os aprendizes ficavam ao encargo dos mestres que recebiam das famílias uma quantia para que lhes ensinassem o ofício. Essa relação era patriarcal e os mestres poderiam impor inclusive castigos físicos aos pupilos. Se os aprendizes superassem as dificuldades, poderiam tornar-se companheiros.

Os companheiros recebiam salário do mestre, mas eram submetidos a condições de trabalho escorchantes e jornadas exaustivas. Para galgarem a condição de mestre, além de pagar uma altíssima taxa, deveriam apresentar a *obra mestra,* uma espécie de prova que seria submetida à análise e à aprovação de antigos mestres.

Por outro lado, os filhos dos mestres ou os companheiros que se casassem com filhas ou viúvas dos mestres eram dispensados dessas provas e tornavam-se mestres imediatamente.

Nos estatutos dessas corporações surgidas na Idade Média, por força da alteração no sistema econômico, encontra-se a primeira inserção do Aviso-prévio em texto normativo: "o companheiro não poderia abandonar o trabalho sem conceder aviso-prévio ao mestre; porém não havia a mesma reciprocidade do mestre ao companheiro" (MARTINS, 2012, p. 373).

P. Subervie afirma que "a inserção mais antiga do AVISO-PRÉVIO em estatuto de Corporação data de 1298" (P. SUBERVIE, 1930, p. 14 *apud* NETTO, 1972, p. 13).

Martins Catharino, na obra clássica *Temas de Direito do Trabalho*, baseando-se em Suzane Magan (1933), esclarece que, a partir de então, o AVISO-PRÉVIO passou a figurar na maior parte dos estatutos da espécie (NETTO, 1972, p. 13).

Conforme verificado, as corporações de ofício representaram um grande passo para a evolução e o desenvolvimento das relações livres de trabalho, uma vez que foi no seio dessas agremiações que se deu a criação das primeiras regulamentações do processo de produção.

Há de se frisar, contudo, que essas normas visavam à proteção do mestre e não do companheiro ou do aprendiz. Em decorrência disso, o aviso-prévio, inserido nos regulamentos das corporações de ofício, representava uma obrigação, e não um direito do trabalhador, o que não retira a importância histórica da inclusão do instituto naqueles textos normativos, porquanto partiu dessas inserções a consagração, pelos usos e costumes, do pré-aviso como obrigação, que redundou posteriormente no tratamento normativo nos códigos de direito material.

2.3. *As "novas" relações de trabalho e o aviso-prévio*

Conforme relatam historiadores, no final da Idade Média, início da Idade Moderna, com a evolução econômica e social da burguesia, surgiu a figura do capitalista que detinha os meios de produção e grande poder político, dando início à derrocada do sistema das corporações de ofício e, consequentemente, ao aparecimento da classe operária. Surgem, então, as "novas" relações de trabalho.

A afirmação social e econômica dos burgueses culminou com a desestruturação das terras como fonte de riqueza. Os nobres, então detentores do poder, viram-se obrigados a vender suas terras. O que antes era detido pela força da tradição transformou-se em mercadoria sujeita à compra e venda para extração de novas riquezas.

Os burgueses compravam por preços irrisórios as terras dos pequenos agricultores livres ou até mesmo usavam da força para expulsar os resistentes que, sem meios para se opor, iam para as cidades em busca de trabalho.

Formou-se, então, nas cidades, com a "lei dos cercamentos", um contingente enorme de desapropriados miseráveis ao lado dos servos que antes moravam nas terras e foram obrigados a ceder seu espaço vital à criação de carneiros para produção de lã, atividade mais rentável aos proprietários

Com a Revolução Francesa suprimiram-se, finalmente, as corporações de ofício por serem consideradas aviltantes ao ideal de liberdade do homem.

Entretanto, quanto ao fim das corporações de ofício e da liberdade do trabalhador, é importante observar a ressalva que faz Segadas Vianna:

> A completa libertação do trabalhador teria de se fazer mais tarde como consequência da Revolução industrial e da generalização do trabalho assalariado, numa nova luta, não mais contra o senhor da terra nem com o mestre da corporação, e sim contra um poder muito maior, o patrão, o capitalista, amparado pelo Estado, na sua missão de mero fiscal da lei e aplicador da justiça. (VIANNA *apud* MARTINS NETTO, 1972, p. 12)

Os ideais revolucionários afirmavam que a existência de corpos intermediários entre o *Homem* e o *Estado* deveria ser repelida por afrontar a *Liberdade Individual*. Em 17 de junho de 1791, a Lei Chapelier proibiu peremptoriamente a existência dessas corporações. A partir de então, as primeiras fábricas passaram a empregar toda a prole, originando-se, daí, o termo proletariado.

Tal fato provocou uma modificação substancial nas relações humanas de trabalho, que passaram a ser contrato[17] de prestação de serviço em troca de moeda.

---

(17) Na definição clássica de Ulpiano *duorum pluriumve in idem placitum consensus*, contrato é mútuo consenso de duas ou mais pessoas sobre o mesmo objeto. Acordo de vontades que tem por fim criar, modificar ou extinguir direitos.

Após o fim das corporações e o surgimento da classe operária, vivenciou-se o desenvolvimento da tecnologia, o que conduziu ao aparecimento das primeiras indústrias manufatureiras, principalmente as tecelagens: máquinas movidas pela força do homem, mudando a forma de produzir.

Antes da máquina, as ferramentas pertenciam ao artesão que se ligava a uma corporação. Depois, as máquinas passaram a ser dos donos da indústria, que não tinham interesse pela pessoa do trabalhador, apenas pela energia de trabalho. O trabalhador passa a ser, então, mercadoria em troca de um preço, não como simples relação de compra e venda, mas com envolvimento de pessoas nas figuras do empregado e do empregador.

No campo do Direito, com o advento da máquina e a universalização do trabalho assalariado, "estabeleceu-se a prevalência da liberdade e da autonomia individual na estipulação do contrato de trabalho, que se subordinava às normas de caráter geral e enquadrava-se nos direitos das obrigações" (PAULA, 1988, p. 16).

No Estado Liberal Burguês, as partes eram consideradas livres e iguais para pactuarem todos os termos de seus contratos, que eram orientados por apenas dois princípios: o da autonomia da vontade e do *pacta sunt servanda* (princípio da obrigatoriedade).

Estabeleceu-se uma separação entre a moral e a economia. Com isso, o Estado ficou impedido de intervir nas relações econômicas privadas, sendo que a lei deveria dar tratamento isonômico às partes consideradas iguais (igualdade formal).

Sobre as "consequências sociais" do absenteísmo estatal e da liberdade contratual nas relações trabalhistas nesse período da história, esclarece Lygia Maria de Godoy:

> Os princípios liberais de contratação, sob os auspícios do Código Civil, proclamaram a igualdade e a liberdade das partes na determinação do conteúdo do contrato, em singular mecanismo das leis de mercado que esvaziavam o conteúdo das formas igualitárias. Por conseguinte, o empresário poderia atuar livremente e ao abrigo das leis de mercado dispor das forças de trabalho a baixo custo, das jornadas de trabalho prolongadas e dos salários reduzidos. (CAVALCANTI, 2007, p. 143)

O aviso-prévio, nesse contexto, manifestava-se como expressão da liberdade de contratar e de pôr fim aos contratos. Renato Rua de Almeida (1992, p. 1199), nesse sentido, sobreleva que "a liberdade contratual deveria ser protegida contra a duração perpétua".

Russomano (1961, p. 37), lembrando a doutrina clássica francesa, informa que o aviso-prévio, já integrado nos estatutos das extintas corporações, nesse momento, passa a ser consagrado pelos usos e costumes (fontes materiais), nas novas relações de trabalho, sendo posteriormente tratado nos Códigos Comerciais e Civis na parte das obrigações.

Por sua vez, Martins Netto (1972) noticia que as primeiras inclusões do aviso-prévio nas legislações alienígenas se deram nos seguintes diplomas: no Código Civil alemão, nos arts. 620/633; no Código Suíço das Obrigações, arts. 374/350; no Código Japonês, art. 762; no Código Comercial espanhol, adotado por várias províncias argentinas. Sequencialmente, esse fenômeno também ocorreu no direito latino-americano, muito antes de haver necessidade de regramento das relações entre patrões e empregados.

Assim, o aviso-prévio, conforme concebido, de acordo com a visão clássica e liberal, depois de projetar-se nos códigos de Direito Privado, comerciais e civis[18], alcança o Direito do Trabalho e o Direito Constitucional do Trabalho, que lhe deram feições próprias.

Ocorre que os contratos civis e comerciais baseavam-se, como visto, na autonomia da vontade e na liberdade contratual e na igualdade formal. O Direito do Trabalho, por outro lado, orienta-se pelo princípio da proteção e pela igualdade material. Assim, o aviso-prévio foi albergado por esse ramo jurídico com novas características.

A par disso, Renato Rua de Almeida (1992), ao fazer a análise da evolução histórica, propõe uma divisão entre a concepção clássica (liberal) e a concepção contemporânea (social) do aviso-prévio.

2.4. *Concepções clássica e contemporânea do aviso-prévio*

O movimento global que fez transmutar o modelo de Estado absenteísta para o intervencionista fez também alterar a concepção do aviso-prévio. No modelo liberal, o instituto, como visto, representava a expressão da liberdade contratual. Já na fase intervencionista, passa a atuar como um limitador dessa mesma liberdade (autonomia da vontade *versus* autonomia privada).

Torna-se necessário, assim, distinguir a visão clássica do aviso-prévio, ligada às ideias liberais e da igualdade formal, da visão contemporânea, mais condizente com os princípios do direito do trabalho, especialmente com o princípio da proteção.

---

(18) Vindo para o Direito moderno por meio de velhas praxes, o aviso-prévio, portanto, é instituto secular, sendo conveniente repetir que ele foi adotado, a princípio, pelos legisladores civis e comerciais (RUSSOMANO, 1961, p. 37).

A compreensão dessa distinção é essencial para a análise dos aspectos polêmicos a serem aprofundados, relativos à interpretação do aviso-prévio proporcional ao tempo de serviço, regulamentado pela Lei n. 12.506/11.

2.4.1. Concepção clássica

Como se viu, as origens mais remotas do aviso-prévio ligam-se às corporações de ofício, mais como uma proteção ao mestre do que propriamente aos trabalhadores.

Antes que fosse reconhecida a igualdade formal entre as partes, alguns países tratavam do aviso-prévio como uma forma de proteção ao empregador, dificultando a rescisão do contrato por parte do empregado.

Amauri Mascaro retrata essa realidade da seguinte forma:

> Algumas leis impunham penalidades ao empregado que pretendesse rescindir o contrato sem aviso-prévio ao empregador. É o caso, na Inglaterra, do *Master and Servant Act*, de 1867, que punia com prisão o rompimento do contrato pelo operário quando o realizava com perigo a vida ou a propriedade alheia. A lei russa de 3 de junho de 1886 estabelecia pena de um mês de prisão ao operário que violasse seu compromisso. A lei húngara, de 1898, fixava a pena de sessenta dias, no máximo, de prisão para os trabalhadores agrícolas que rompessem o seu contrato com o patrão. Partia-se, desse modo, do pressuposto de que o patrão não poderia ficar à mercê do trabalhador sem se indagar se o trabalhador poderia ser dispensado do emprego a qualquer momento e o que poderia representar para si e para sua família. (NASCIMENTO, 2012, p. 13-14)

Diante desse quadro fático, Antônio Álvares da Silva complementa com o seguinte comentário:

> Vê-se que a história da proteção começou ao contrário. Enquanto o empregado hoje luta contra a dispensa imotivada para permanecer no emprego, no passado, seu esforço foi exatamente no sentido contrário: desvincula-se da relação de trabalho sem sanção. A retidão da história é mesmo escrita por linhas tortas. (SILVA, 2012, p. 24)

Com o desenvolvimento do sistema capitalista, sedimentou-se o ideal burguês, consolidado na revolução francesa, de liberdade e igualdade formal.

Partindo do pressuposto de que as partes encontravam-se em posição de paridade, elas seriam livres para estabelecerem as cláusulas, o conteúdo, os efeitos e a forma, tanto para a celebração quanto para o rompimento do contrato de trabalho.

O aviso-prévio torna-se então, a um só tempo, direito e obrigação, recíprocos para qualquer uma das partes que pretendessem o rompimento de um contrato de trabalho por prazo indeterminado.

Para Renato Rua Almeida, nesse momento histórico, o aviso-prévio representa, por excelência, um instrumento de garantia da liberdade contratual.

O mesmo autor, citando Carmerlynck, define a concepção clássica do aviso-prévio da seguinte forma:

> [...] é o que se convencionou chamar de teoria civilista tradicional do direito de resilição unilateral do contrato de trabalho por prazo indeterminado, porque se baseava na liberdade contratual, tendo como corolários a igualdade e a reciprocidade, existentes no contrato civil. (ALMEIDA, 1992, p. 1199-1202)

Essa característica implicava a igualdade e a reciprocidade rescisória, típica do contrato civil. As partes do contrato — empregado e empregador —, encontrando-se numa posição de paridade e resultantes de uma simetria, deveriam ter o mesmo tipo de tratamento jurídico na rescisão do contrato de trabalho, devendo ser oferecidas a ambos idênticas oportunidades e dificuldades (NASCIMENTO, 1989).

Constata-se, destarte, que a visão clássica do instituto do aviso-prévio parte da concepção de igualdade formal entre os contratantes e tem por escopo evitar os dissabores das surpresas do rompimento, mas sem interferir na liberdade contratual, legal e recíproca.

Conforme Marcio Túlio Viana:

> O direito comum parte da suposição de que todos são iguais. Com isso, legitima e ajuda a reproduzir as desigualdades sociais. Já o direito do trabalho parte da constatação de que as desigualdades são reais — e assim, de certo modo, repensa e compensa o próprio direito civil. Em outras palavras, embora, em última análise, ambos sirvam ao sistema, o direito civil respeita, enquanto o direito do trabalho desafia as suas principais distorções. (DUTRA, 2008, p. 31 *apud* VIANA, 2005)

A CLT, animada por forte espírito protecionista, adotou o instituto com alguns padrões trabalhistas, tais como: redução da jornada de trabalho, indenização substitutiva, integração do prazo do aviso ao contrato para todos efeitos. Manteve, no entanto, a reciprocidade e o direito protestativo resilitório, o que revela fortes traços da concepção clássica.

2.4.2. Concepção contemporânea

Ao longo dos anos, a concepção civilista liberal dos contratos de trabalho, explicada na sessão anterior, foi, paulatinamente, sendo substituída. Percebeu-se que a ideia de igualdade formal potencializava a injustiça e a exploração do proletariado. Celebrizou-se a frase de Lacordaire: "entre o fraco e o forte a liberdade escraviza e a lei liberta"[(19)].

Devido à exacerbada exploração do trabalhador, reconheceu-se a necessidade de proteção legal do polo mais fraco dessa relação contratual, o empregado, por meio da intervenção do Estado, por intermédio da lei, nessas relações.

Um dos fatores determinantes para mudança do paradigma foi a Primeira Guerra Mundial. Além da destruição das cidades e de parte dos meios de produção, a guerra fez reduzir drasticamente o contingente de mão de obra e possibilitou também a coalisão do proletariado, gerando o que se convencionou chamar de "questão social".

Dá-se, assim, a transição de uma fase de total absenteísmo do Estado, quanto aos contratos de trabalho, para uma fase intervencionista, iniciada logo após o término da Primeira Guerra Mundial, para solução da citada questão social (MAGANO, 1981, p. 19).

A intervenção do Estado fez-se sentir fortemente no Direito do Trabalho. Criou-se um órgão de proteção internacional aos trabalhadores — OIT (Organização Internacional do Trabalho); a Igreja, por meio da encíclica *Rerum Novarum*, estabeleceu diretrizes de proteção à classe operária; floresce o constitucionalismo social, iniciado pelas constituições do México (1917) e de Weimar (1919) e dissipado por todo o mundo ocidental. A partir de então, a referida questão social foi levada para o seio das constituições (RIPPER, 2011).

As mudanças conjunturais ocorridas no mundo, especialmente decorrentes da revolução tecnológica pós-Segunda Guerra, provocaram imensas alterações nas formas de organização do capital e do trabalho.

A globalização e a hegemonia liberal, após a abertura das fronteiras aos capitais e às mercadorias, retomaram a mercantilização do trabalho. As inovações tecnológicas nos transportes e nas comunicações deram à logística informatizada o poder de organizar processos de produção mundiais onde as distâncias físicas passaram a ter menos importância. Surgiu, com isso, a seguinte indagação: será que os costumes históricos e as regulamentações sociais modernas, frutos da evolução da condição dos trabalhadores de todos

---

(19) SÜSSEKIND, Arnaldo; MARANHÃO, Délio; VIANNA, Segadas. *Instituições de direito do trabalho*. 10. ed. ampl. e atual. Rio de Janeiro: Freitas Bastos, 1987. p. 36.

os países, seguiriam o caminho imposto pelo liberalismo (desregulamentação, flexibilização, precarização)?

O fim do emprego e a desregulação do trabalho passam a não ser encarados como uma hipótese teórica. Na forma de redes e de práticas de subcontratações e terceirizações verdadeiras ou falsas, e outras inúmeras modalidades de precarização, observa-se uma dinâmica que, a partir das empresas transnacionais, contamina e modifica profundamente os sistemas de trabalho locais. As formas que toma a nova relação capital-trabalho desenvolvida no mundo atual são muito características de uma mercantilização renovada do trabalho.

A globalização neoliberal abriu fortemente as fronteiras aos capitais e em seguida às mercadorias, enquanto se fecharam cada vez mais aos trabalhadores. Verificou-se, nessas economias, um único movimento, cujo último termo contribuiu para manter e reforçar a coexistência de zonas de níveis de rendimentos e condições sociais muito diferentes, nas quais passaram a operar as empresas multinacionais para maximizar os seus lucros.

As inovações tecnológicas, a reestruturação empresarial, a acentuação da concorrência capitalista e as alterações normativas trabalhistas são os principais fatores que impactaram no trabalho, criando condições para o "desemprego estrutural", matriz teórica da ideologia da desconstrução do primado do trabalho e emprego.

O desemprego tornou-se endêmico nos países industrializados, mas este "exército industrial de reserva" que se formou não é nada se comparado às multidões dos subempregados no resto do mundo.

O grande capital, liberto dos constrangimentos sociais e econômicos, pela reestruturação dos processos de produção, leva as forças sindicais, sociais e políticas a cada vez maior desorientação e posição defensiva.

A livre exploração da força de trabalho que não dispõe de mobilidade, como o capital, é resultante de um fenômeno global que "desvaloriza" socialmente pessoas humanas, grupos e povos inteiros.

No Brasil, a exploração do trabalho assume diversas formas complementares e combinatórias: terceirizações, subcontratações, "pejotização", banco de horas, desregulamentação, trabalho a tempo parcial, contrato a termo, dentre outras, sem mencionar as falsas cooperativas, *merchandage* e outras infinitas formas de fraudes e burla à legislação.

As novas formas de acumulação e exploração do trabalho ocasionaram o que se denominou desemprego estrutural, conjuntural e friccional[20], consequências desse modelo de produção.

---

(20) O desemprego estrutural é aquele em que a(s) pessoa(as) perdem seu trabalho por razões próprias (como falta de qualificação, demissão, quebra da empresa em que trabalham, etc.). O conjuntural,

Essas novas formas de exploração e as atuais crises mundiais culminaram e uma enorme mudança nas relações sociais, especialmente nas relações de trabalho que se fizerem refletir nos ordenamentos jurídicos e nas constituições. Essas mudanças influenciaram também a leitura e a forma de interpretar os institutos jurídicos.

Trata-se, segundo Marcelo Lima Guerra (2000), "do reconhecimento de que a legislação trabalhista em bloco, quer dizer, considerada em seu conjunto, consiste, de fato, num conjunto articulado de restrições à livre-iniciativa e à autonomia da vontade, sobretudo àquela contratual".

Com base nessas mudanças conjunturais, Renato Rua de Almeida descreve aquilo que chamou de "a concepção contemporânea do aviso-prévio" da seguinte forma:

> "Modernamente, o direito do trabalho, já sob a influência da autonomia da vontade coletiva nos processos de negociação coletiva, procura proteger o empregado contra o direito unilateral do empregador de extinguir imotivadamente o contrato de trabalho por prazo indeterminado.
>
> [...]
>
> Na teoria da proteção contra a despedida arbitrária, rompe-se com a igualdade absoluta e simétrica do aviso-prévio.
>
> Essa ruptura vem revelar a diferença conceitual entre o ato do empregado de demitir-se e o ato do empregador de despedir imotivadamente o empregado.
>
> Nesse caso o direito deixa de ser igualmente recíproco, ficando o empregador obrigado a conceder um aviso-prévio de duração sempre superior àquele que receberia do empregado caso esse se demitisse do serviço.
>
> É nesse sentido, pois, que o aviso-prévio passa a ser encarado como uma limitação unilateral, ao direito potestativo do empregador de despedir imotivadamente o empregado no contrato por prazo indeterminado." (ALMEIDA, 1992, p. 119-1202, *apud* RIPPER, 2011)

---

que acontece em maiores proporções, ocorre quando há uma crise na economia. O friccional quase sempre ocorre quando a tecnologia passa a substituir o homem em suas tarefas, como no campo, onde as máquinas passaram a fazer as tarefas do homem. Para melhor compreensão, ver Mauricio Godinho Delgado (*Capitalismo, trabalho e emprego*).

De fato, antigas concepções de alguns institutos foram alteradas em decorrência da mudança do pensamento jurídico que se deu em decorrência da alteração do paradigma do Estado.

O vetusto aviso-prévio, originário do campo das obrigações no direito civil, que antes visava à proteção da liberdade contratual, quando albergado pelo Direito do Trabalho, passa a priorizar a proteção à parte hipossuficiente — o trabalhador.

No Brasil, a Consolidação das Leis do Trabalho deu ao instituto características trabalhistas, mas foi com o advento da Constituição Federal de 1988 que o instituto, definitivamente, tornou-se um direito fundamental dos trabalhadores e, conjuntamente com outros institutos, passou a compor um sistema limitador do poder do empregador de dispensar os serviços do empregado, essência da concepção contemporânea do aviso-prévio, conforme se verá nos próximos capítulos.

3. A Evolução Legislativa do Aviso-Prévio no Brasil

No capítulo anterior foram revisadas as origens remotas do aviso-prévio, suas primeiras inserções em textos normativos e sua migração para o direito do trabalho, nesse caso, com nova acepção.

Neste tópico, será analisada a evolução legislativa do aviso-prévio no Brasil, até a promulgação da Constituição de 1988, quando foi instituída a proporcionalidade no aviso-prévio.

Os autores consultados são uníssonos em afirmar que, no Brasil, a primeira inserção do aviso-prévio em texto normativo deu-se com o Código Comercial, promulgado em 1850, no Título III (dos agentes auxiliares do comércio), Capítulo IV (dos feitores, guarda-livros e caixeiros), art. 81, nos termos do texto (assim) redigido, aqui, com interessante nota(21) datada de 1886, em que se pode vislumbrar as feições do instituto à época:

> Art. 81. Não se achando acordado o prazo do ajuste celebrado entre o proponente e os seus prepostos, qualquer dos contraentes poderá dá-lo por acabado, avisando ao outro da sua resolução com um mez de antecipação.
>
> Os agentes despedidos terão direito ao salario correspondente a esse mez; mas o preponente não será obrigada a conservá-los no seu serviço.
>
> Nota 133
>
> Cit. Ass. n. 7. Concordância. — Códs. Comms. Arts.: Port. 169; Hesp. 196; Arg. 158; Or. 158.

---

(21) *Codigo Commercial do Imperio do Brazil* — annotado com toda legislação do paíz que lhe é pertinente pelo desembargador Salustiano Orlando de Araujo Costa — Salustiano Orlando de Araujo Costa. 4. ed. Rio de Janeiro: Laemmert & C., 1886.

Nota. Confessada a prestação de serviços e a falta de ajuste prévio, outra não pode ser a decisão que a condemnação do réo a pagar, como herdeiro, o que na execução se liquidar, correspondente à salario de caixeiro: Acc. da Rel. da Corte de 7 de março de 1876. — Rev. (Espozel) de março de 1876, p. 57 — Rev. Cit. de setembro do mesmo anno, p.189. [*sic*]

O aviso-prévio, na forma transcrita, apresenta feições notadamente liberais — expressão da concepção clássica do instituto. Isso se verifica pela previsão expressa de opção pelo proponente de conservar o agente no seu serviço ou apenas indenizá-lo, o que mitiga a reciprocidade em favor do proponente, privilegiando a liberdade contratual.

O referido diploma foi inspirado nos Códigos Comerciais francês, português e espanhol e adotou a teoria dos atos de comércio. Registre-se que naquele momento histórico a escravidão ainda não havia sido abolida no Brasil e as relações de trabalho livres ainda eram incipientes.

Martins Catharino comenta o instituto, conforme concebido pelo diploma comercial:

> [...] respeitando a liberdade de ambos os contratantes, não se esqueceu de garantir ao preposto a percepção do salário. Se por um lado, inspirado na regra *nemo cogi potest ad factum*, o legislador obrigou o preponente a conservar o preposto em seu serviço, por outro lado, garantiu a esse o recebimento de salário. (CATHARINO, 1935, p. 6, *apud* PAULA, 1988, p. 37)

Sessenta e seis anos depois, com a advento da Lei n 3.071, de 1º de janeiro de 1916, o aviso-prévio foi absorvido pelo Código Civil, onde houve de aprimorar-se, assumindo feições peculiares, "através da legislação própria, como meio de notificar a outra parte do intuito rescisório do pacto laboral, nos contratos por prazo indeterminado" (NETTO, 1972, p. 15).

Nesse diploma o tratamento igualitário dado às partes pelo legislador é sentido com mais vigor (igualdade formal). Percebe-se também um enfoque maior no livre-arbítrio dos contratantes, reflexo da autonomia da vontade.

O referido Código, no Livro do Direito das Obrigações, no capítulo da locação, seção da locação de serviços, assim tratou do instituto, no art. 1.221:

> Art. 1.221. Não havendo prazo estipulado, nem se podendo inferir da natureza do contrato, ou do costume do lugar, qualquer das partes, a seu arbítrio, mediante prévio aviso, pode rescindir o contrato.
>
> Parágrafo único. Dar-se-á o aviso:
>
> I — com antecedência de 8 (oito) dias, se o salário se houver fixado por tempo de 1 (um) mês, ou mais;

II — com antecipação de 4 (quatro) dias, se o salário se tiver ajustado por semana, ou quinzena;

III — de véspera, quando se tenha contratado por menos de 7 (sete) dias. (BRASIL, Código Civil, 1999, p. 215)

Observe-se que o legislador civil manteve a ideia original do Código Comercial bem como a vinculação do instituto aos contratos por prazo indeterminado, havendo apenas uma alteração nos prazos, que foram reduzidos.

Esses dispositivos legais, baseados na igualdade e na reciprocidade, retratam, segundo Renato Rua (1992), a chamada "Teoria Civilista Tradicional do Direito de Resilição Unilateral do Contrato de Trabalho por Prazo Indeterminado".

O deslocamento do aviso-prévio para a seara do direito positivo trabalhista aconteceu precisamente no momento da entrada em vigor do Decreto 16.107, de 30 de julho de 1923, que dispôs sobre a locação dos serviços domésticos e estabeleceu normas precisas sobre o aviso-prévio (RUSSOMANO, 1961, p. 41).

O referido decreto obedeceu à característica fundamental do instituto, qual seja, "notificação destinada a cientificar a outra parte do *animus rescindendi* do pacto laboral" (NETTO, 1972, p. 16). Serviu, em princípio, para regulamentar as relações domésticas de trabalho, mas logo foi estendido aos contratos por prazo indeterminado, tendo vigência, no entanto, por um curto espaço de tempo, até 1935.

Porém, o marco decisivo da apropriação histórica do aviso-prévio pelo Direito do Trabalho ocorreu a partir da Lei n. 62, de 5 de junho de 1935. "Ela inaugurou, por assim dizer, o período de regulamentação do aviso-prévio através de normas trabalhistas típicas" (RUSSOMANO, 1961, p. 41).

No entanto, segundo Martins Catharino(22), "de modo incompleto e infeliz". Isso porque, segundo esse autor, a Lei n. 62 garantiu (aos empregados da indústria e do comércio nos contratos por prazo indeterminado e quando a despedida não fosse justa) o direito a uma indenização paga na base da maior remuneração por eles obtida na empresa e proporcional a seu tempo de serviço. Entretanto, foi omissa com relação ao direito dos empregados ao aviso-prévio, visto que mencionou apenas o empregador no art. 6º.

Essa situação gerou enormes controvérsias. Parte da doutrina afirmava que o silêncio da lei havia sido intencional e que o aviso-prévio passara a ser direito apenas do empregador, enquanto outra parte sustentava que a omissão não tinha poder para suprimir o direito dos empregados.

---

(22) CATHARINO, 1935, p. 7 *apud* PAULA, 1988, p. 39.

Russomano explica de maneira minudente essa situação e, dada a lucidez com que relatou os fatos, vale transcrever na íntegra o trecho:

> Entendeu-se, por isso, o legislador substituíra o aviso-prévio do empregador ao empregado — previsto no Código Comercial e no Código Civil — pela indenização por despedida injusta, como, por sinal, muitos anos depois, viria a ser feito na lei da Guatemala.
>
> A parte final do art. 2º da Lei n. 62, ao declarar que nenhuma indenização seria devida antes de estar completo o primeiro ano de vigência do contrato, constituiria a revogação expressa ou, ao menos, implícita do direito anterior — diziam certos autores. E seu pensamento se reforçava em virtude da omissão em que incorrera o legislador sobre o aviso-prévio devido ao patrão.
>
> Ponderável corrente doutrinária defendeu esse ponto vista, merecendo referência especial, entre outros estudos, as exposições de Levi Carneiro e de Adamastor Lima.
>
> A segunda corrente adotou posição antípoda.
>
> Partiu da distinção fundamental entre indenização por despedida injusta e aviso-prévio, para demonstrar e concluir que uma figura não exclui a outra.
>
> O silêncio do legislador de 1935 sobre o aviso-prévio devido pelo empregador ao empregado permitiria, portanto, a aplicação conjunta da Lei n. 62 e das normas civis e comerciais, considerando essas ainda íntegras e vigentes.
>
> Esse ponto de vista foi defendido longamente por diversos autores, sobretudo por Oliveira Viana e Helvécio Xavier Lopes.
>
> O debate, hoje em dia, está superado e possui sabor quase exclusivamente cronológico. (RUSSOMANO, p. 42-43, *apud* PAULA, 1988, p. 40)

Para solucionar toda essa celeuma doutrinária, bem descrita por Russomano, em 1942 o Decreto-Lei n. 4.037 considerou de natureza social os arts. 81 do Código Comercial e 1.221 do Código Civil, determinando sua aplicação pelos tribunais trabalhistas, sem afastar a aplicação da Lei n. 62, de 1935.

Oportuno esclarecer que a Justiça do Trabalho propriamente dita estava prevista nas Constituições de 1934 (art. 122) e de 1937 (art. 139), mas só foi criada em 1939 (Decreto n. 1.237), sendo regulamentada em 1940 (Decreto n. 6.596) e instalada em 1941.

Em 1943, toda a antiga controvérsia que existia acerca do instituto foi superada com a aprovação da Consolidação das Leis do Trabalho (CLT)[23] pelo presidente da República por meio do Decreto-Lei n. 5.452, de 1º de maio de 1943, ao passo que regulamentou o instituto e revogou as disposições legislativas, objeto da antiga celeuma.

O aviso-prévio foi especificamente estruturado, na Consolidação, nos arts. 487 a 491, subordinados ao Título IV (do contrato individual de trabalho), Capítulo VI (do aviso-prévio), nos quais definiu-se a obrigatoriedade do pré-aviso para ambos os contratantes: empregado e empregador.

A matéria foi regulamentada, no âmbito da relação de emprego, durante longos anos, exclusivamente pela CLT. A redação original, no entanto, até que se chegasse à atual, sofreu alterações pelas Leis ns. 1.530, de 26 de dezembro de 1951, com redação sugerida por Segadas Vianna; 7.093, de 25 de abril de 1983, que instituiu a possibilidade de opção pelo empregado entre a redução de jornada e a liberação dos últimos sete dias corridos no aviso-prévio trabalhado; 7.108, de 5 de julho de 1983, que regulamentou a obrigatoriedade de concessão de aviso-prévio na rescisão indireta; 10.218, de 11 de abril de 2001, que incluiu os §§ 5º e 6º ao art. 487; e, por fim, a Lei n. 12.506, de 11 de outubro de 2012, que instituiu a proporcionalidade.

Após as referidas alterações, na atualidade, assim dispõe a CLT:

Art. 487. Não havendo prazo estipulado, a parte que, sem justo motivo, quiser rescindir o contrato deverá avisar a outra da sua resolução com a antecedência mínima de:

I — 8 (oito) dias, se o pagamento for efetuado por semana ou tempo inferior;

**** Inciso I com redação determinada pela Lei n. 1.530, de 26 de dezembro de 1951**.

II — 30 (trinta) dias aos que perceberem por quinzena ou mês, ou que tenham mais de 12 (doze) meses de serviço na empresa.

**** Inciso II com redação determinada pela lei n. 1.530, de 26 de dezembro de 1951.**

§ 1º A falta do aviso-prévio por parte do empregador dá ao empregado o direito aos salários correspondentes ao prazo do aviso, garantida sempre a integração desse período no seu tempo de serviço.

§ 2º A falta de aviso-prévio por parte do empregado dá ao empregador o direito de descontar os salários correspondentes ao prazo respectivo.

---

(23) "A Justiça do Trabalho, que declaro instalada neste histórico Primeiro de Maio, tem essa missão. Cumpre-lhe defender de todos os perigos nossa modelar legislação social-trabalhista, aprimorá-la pela jurisprudência coerente e pela retidão e firmeza das sentenças" (GETÚLIO VARGAS).

§ 3º Em se tratando de salário pago na base de tarefa, o cálculo, para os efeitos dos parágrafos anteriores, será feito de acordo com a média dos últimos 12 (doze) meses de serviço.

§ 4º É devido o aviso-prévio na despedida indireta.

**** § 4º acrescentado pela Lei n. 7.108, de 5 de julho de 1983**

§ 5º O valor das horas extraordinárias habituais integra o aviso-prévio indenizado.

**** § 5º acrescentado pela Lei n. 10.218, de 11 de abril de 2001**

§ 6º O reajustamento salarial coletivo, determinado no curso do aviso-prévio, beneficia o empregado pré-avisado da despedida, mesmo que tenha recebido antecipadamente os salários correspondentes ao período do aviso, que integra seu tempo de serviço para todos os efeitos legais.

**** § 6º acrescentado pela Lei n. 10.218, de 11 de abril de 2001 (BRASIL, 2012, DJI)**

Antes disso, com a criação e implementação da Justiça do Trabalho em 1946, coube a esta especializada dirimir as controvérsias, que (diga-se de passagem) não foram poucas, relativas à interpretação dos dispositivos atinentes ao aviso-prévio, ficando a cargo do Egrégio Tribunal Superior do Trabalho a função de unificar a jurisprudência trabalhista nos pontos conflituosos que envolvem o aludido instituto, o que foi feito, ao logo dos anos, através dos seguintes verbetes:

- **SÚMULAS NS**. 5 (cancelada), 10 (com alterações), 14 (com alterações), 31 (cancelada), 44,73 (com alterações), 94 (cancelada), 163, 182 (com alterações), 230, 253 (com alterações), 276 (com alterações), 305, 348, 354, 369, 371, 380, 441.

- **ORIENTAÇÕES JURISPRUDENCIAIS DA SDBI — 1 NS.** 14 (com alterações), 35 (cancelada), 40 (cancelada), 42, 82, 83, 84, 122 (cancelada), 135 (cancelada), 254 (cancelada), 268, 367, 394.

- **ORIENTAÇÕES JURISPRUDENCIAIS DA SDBI — 1 — Transitória N.** 13.

- **PRECEDENTES NORMATIVOS NS.** 24, 76 (cancelado), 94, 96 (cancelado).

Tais verbetes foram sofrendo modificações ao longo do tempo, adequando-se a cada momento histórico vivenciado pela sociedade, sentido com maior intensidade com a promulgação da Constituição de 1988 que, ao implementar um novo modelo de Estado, exigiu uma (re)leitura dos institutos jurídicos, iluminados pela dignidade da pessoa humana — espinha dorsal do ordenamento —, pelos direitos fundamentais e pelos valores constitucionais.

Com efeito, além de provocar a releitura do instituto do aviso-prévio, alterando sua concepção, a Carta de 1988 inovou ao ampliar o direito dos trabalhadores. Em atenção aos ideais de justiça social e valorização do trabalho, propiciou alterações no prazo, estabelecendo um mínimo de 30 dias, revogando tacitamente o art. 487, inciso I, que previa, como visto acima, prazo de oito dias para algumas modalidades de contratação e instituiu uma relação de proporção (proporcionalidade) entre o tempo de serviço e o prazo que medeia a comunicação e o rompimento do contrato de trabalho.

Fora isso, o aviso-prévio trabalhista continuou obedecendo ao regramento da CLT, com as adaptações aventadas pela Constituição.

Passa-se, então, a examinar o instituto como vinha sendo tratado na Consolidada para, na sequência, verificar as alterações proporcionadas pela Carta Magna e, por fim, em atenção aos objetivos desta dissertação, aprofundar as discussões acerca das novas regras do aviso-prévio proporcional.

4. O Aviso-Prévio Trabalhista no Brasil

Ao longo deste estudo, verificou-se que o aviso-prévio não é exclusivo do Direito do Trabalho. Tem origens no campo civil e comercial do Direito; é próprio dos contratos de duração indeterminada que autorizem a resilição[24]; e aparece, nesses casos, como instrumento atenuador do impacto da declaração unilateral da intenção de romper a relação contratual, conferindo à parte surpreendida um período de tempo para se ajustar ao término do vínculo (DELGADO, 2006).

O Direito Laboral pátrio, ao se apropriar do instituto, deu-lhe novas roupagens, tonalidades, características e elementos peculiares que serviram de base para a construção do conceito e da definição da natureza jurídica.

Entrementes, cada tratadista do Direito do Trabalho e, ainda, aqueles que escreveram especificamente sobre o aviso-prévio e sobre a proporcionalidade formularam conceitos e definições particulares, abordando aspectos diferentes, acrescentando ou excluindo elementos ou mesmo ressaltando características distintas. Certo é que, a partir desse ponto, as divergências doutrinárias começam a se formar.

Diante disso, o objetivo principal deste capítulo não será o de elaborar um novo conceito ou o de formular uma nova definição, mas sim o de apresentar e comparar as principais proposições doutrinárias sobre essa temática, especialmente no que se refere a alguns de seus aspectos que se consideram mais importantes para compreensão do instituto, e que formam as bases para as interpretações divergentes acerca do aviso-prévio proporcional ao tempo de serviço e da Lei n. 12.505/11.

Destacam-se, dentre esses aspectos: a finalidade, a definição, a natureza jurídica e os efeitos.

---

(24) Conceito de resilição será apresentado a seguir.

No entanto, por tratar-se o aviso-prévio de um instituto ligado à terminação dos contratos, antes de adentrar no estudo dos aspectos acima mencionados, é importante que se frisem alguns conceitos que serão utilizados ao longo do capítulo:

- **Resolução** é o meio de dissolução do contrato decorrente de inadimplemento culposo ou fortuito.

- **Rescisão** é uma palavra plurissignificativa que pode inclusive ter o sentido de resolução, em caso de inadimplemento; pode também significar a extinção do contrato em caso de nulidade.

- **Resilição** é o desfazimento de um contrato por simples manifestação de vontade, de uma ou de ambas as partes. Não se confunde com descumprimento ou inadimplemento, pois na resilição as partes apenas não querem mais prosseguir. A resilição pode ser bilateral (distrato, art. 472 do CC) ou unilateral (denúncia, art. 473 do CC).

- **Denúncia** no direito das obrigações, segundo Antônio Álvares da Silva (2012), é "uma declaração extintiva diferida" em sua forma pura e abstrata, um autêntico direito potestativo. A denúncia é assim a declaração feita por um dos contratantes no sentido de pôr fim ao contrato de execução diferida ou continuada. Diz-se que a denúncia é a resilição unilateral.

- **Dispensa** "[...] é um negócio jurídico unilateral, de natureza reptícia, manifestada por uma das partes para resilir o contrato de trabalho por prazo indeterminado" (ÁLVARES DA SILVA, 2012, p. 23).

Existem diversas formas de terminação do contrato individual de trabalho, e diferentes serão seus efeitos econômicos em relação às partes envolvidas. A aplicação do instituto do aviso-prévio a cada uma dessas formas também se dará de maneira diferente, daí ser importante distingui-las.

Assim, feitos esses breves esclarecimentos, segue-se a análise do tema proposto neste capítulo: os aspectos essenciais do aviso-prévio.

4.1. Fundamentos e finalidades

Conforme foi visto na análise das origens do aviso-prévio, a ninguém convém a ruptura abruta de uma relação jurídica de trato sucessivo. Nas relações de trabalho em que, via de regra, o empregador depende da energia do trabalhador para o desenvolvimento de sua atividade econômica, e o empregado, do emprego, para sua própria sobrevivência, os inconvenientes de um rompimento repentino se fazem sentir com mais intensidade.

A razão de ser do aviso-prévio é, pois, a de evitar a surpresa e com isso amenizar os prejuízos que podem resultar do rompimento do vínculo contratual. Justifica-se na necessidade que tem o trabalhador de encontrar nova colocação e o empregador de encontrar um substituto para aquele que (pretende) se desligar do emprego.

Hirosê Pimpão salienta que — focalizados nos mesmos problemas — autores são unânimes em divulgar os fundamentos do aviso-prévio e apresenta as razões de existência do instituto da seguinte maneira:

> O fundamento da necessidade de ser dado o aviso-prévio, quer por parte do empregado, quer por parte do empregador, assenta no fato de constituir uma ruptura brusca dos vínculos contratuais, um desequilíbrio na produção quando é o operário quem rompe o contrato, e um distúrbio bem sério na vida individual do operário e de sua família, quando é o patrão quem o faz. (PIMPÃO, 1958, p. 73)

Paolo Grego, nas mesmas pegadas, de forma incisiva, disse:

> O seu escopo é evidente: preparar a outra parte para a cessação da relação, mediante a concessão de tempo conveniente para promover seus interesses que, na relação de trabalho, concentram-se tipicamente, para o dador, no interesse de substituir o subordinado, para este, no de achar nova ocupação. (PIMPÃO, 1958, p. 73)

Oliveira Viana:

> O aviso-prévio é um meio preventivo que protege ao mesmo tempo o patrão e o empregado contra os inconvenientes de uma rescisão *ex abrupto*, inconvenientes estes que afetam, ao mesmo tempo, o patrão e o empregado; este, porque não teve tempo de encontrar outra colocação; aquele, porque fica sem poder dar substituto imediato ao empregado que se despediu sem avisá-lo a tempo. (Viana, "parecer" *apud* PAULA, 1988, p. 41)

Jean Desprez, em seu alentado tratado sobre o aviso-prévio, com enfoque voltado para o empregador, afirma que "O aviso-prévio dá ao patrão o tempo necessário à substituição do trabalhador que o deixa. É tanto mais útil quando o trabalhador que se retira é um técnico hábil"(25) (JEAN DESPREZ, 1929, *apud* PAULA, 1988, p. 41, [tradução nossa]). Dorval Lacerda acrescentaria:

(25) "[...] au patron, ele donne le temps nécessaire pour lui pemettre de replancer l'ouvrier que lui quitte. Elle est fort utile lors que le travallieur qu s'en va est un epécialiste habile."

"[...] também para o empregado, pois lhe garante tempo para procurar outro emprego" (NETTO, 1972, p. 20).

Capitan *et* Cuche, citados por diversos autores, em livre tradução por Modestino Netto, ainda dispondo sobre a finalidade do instituto, afirmam que: "o efeito mais chocante do direito de resilição é o de romper o contrato sem que a outra parte tenha sido previamente avisada, de modo a poder celebrar com um terceiro um contrato destinado a substituir aquele rescindido" (NETTO, 1972, p. 20).

Na magistral obra intitulada "Aviso-prévio", Hirosê Pimpão, antes de apresentar sua própria definição do instituto, relata os posicionamentos mais relevantes da época, entre eles o do professor Cesarino Junior, para quem:

> A cessação brusca das relações de trabalho causa naturalmente prejuízo ao contratante desprevenido: se trata do empregado, porque, de um momento para o outro, fica ele privado do seu meio de subsistência, sem ter tido tempo de procurar outro, antes de ser reduzido a essa situação; ao empregador, pelo fato de se verificar inesperadamente um claro na sua organização, claro esse que nem sempre será fácil de preencher de momento, sem prejuízos para o funcionamento regular de sua empresa. Por esse motivo as leis, mesmo de direito civil e comercial, já haviam disposto sobre a instituição do aviso-prévio, a ser dado pela parte desejosa de resilir o contrato à outra, sob a cominação de determinadas penalidades no caso de sua falta. (PIMPÃO, 1958, p. 74)

Seguindo a mesma linha de pensamento, com foco ainda na finalidade do instituto, Pimpão traz à baila a lição de Ernesto R. Katz, ao responder à questão "Qual é a finalidade do pré-aviso?" Na resposta por ele mesmo formulada, lê-se:

> [...] O objetivo do aviso-prévio dado pelo empregador consiste em possibilitar ao empregado encontrar uma nova ocupação. Esta declaração é precisa, mas, a nosso ver, não completa, porque este não é o único propósito do anúncio. Como é bem conhecido, não apenas o empregador deve dar, quando quer dissolver o contrato de trabalho, mas também o empregado, que deseja rescindir o contrato, tem a mesma obrigação.(26) (PIMPÃO, 1958, p. 77, tradução nossa)

---

(26) "[...] la finalidad del preaviso, concedido por el patrón, consiste en possibilitar al empeado el encuentro de una nueva ocupacion. Esta afirmación es exacta, pero, a nuestro parecer, no completa, por cuanto esto no es la única finalidad del preaviso. Como és bien sabido, non solamente el patrón debe darlo, cuando quiere dissolver el contrato de trabajo, sino que también el empleado, que desea rescindir el contrato, tiene la misma obligacion."

Assim, diante de todos os efeitos negativos que pode causar a ruptura do contrato de trabalho, principalmente para o empregado que tem nele seu principal meio de vida, o aviso-prévio tem por finalidade evitar a surpresa e fornecer às partes um espaço de tempo razoável para se reestabelecerem. Fundamenta-se, assim, na necessidade da manutenção do equilíbrio na relação capital *versus* trabalho no momento da ruptura do vínculo.

Antônio Álvares (2012), citando Orlando Gomes, porém mais alinhado com a acepção contemporânea (do aviso-prévio), sobreleva que o aviso-prévio é mais importante para o empregado que, via de regra, depende do emprego para a manutenção da sua subsistência.

Destarte, não obstante o instituto sirva às duas partes, não se pode fechar os olhos para a realidade. De fato, é muito mais difícil para o empregado encontrar nova colocação do que para o empregador substituir a mão de obra.

Assim, fica claro que, quanto à finalidade, além de cumprir a função de evitar a ruptura brusca do pacto laboral, modernamente defende-se que o aviso-prévio se presta principalmente para compor um sistema de limitação ao direito potestativo de resilição por parte do empregador, minorando os efeitos da rescisão e garantindo prazo para recolocação do empregado, parte mais frágil da relação de trabalho.

4.2. Definição etimológica

A análise etimológica de palavras ou expressões pode ajudar a desvelar seu significado. Carlos Alberto Reis de Paula corrobora o que foi dito com a seguinte afirmação: "a análise etimológica da expressão aviso-prévio, que pode nos revelar o conteúdo da forma" (PAULA, 1988, p.15).

Com essa afirmação, o autor inicia a análise etimológica da expressão aviso-prévio, da seguinte forma:

> *Aviso*, substantivo masculino, derivado de avisar, do francês *aviser*, significa notícia, informação, comunicação.
>
> *Prévio*, do latim *proevius*, observando-se que o prefixo latino *proe* converteu-se em pre no português, prefixo que denota precedência ou preferência. O adjetivo prévio significa que se faz ou se diz antes de outra coisa, anterior, preliminar. (PAULA, 1988, p.15)

Dessa análise infere-se a primeira parte da composição do conceito do instituto: o aviso-prévio é uma comunicação que se faz anteriormente a determinado fato.

Ainda no que se refere à verificação etimológica, Antônio Álvares da Silva, após acurada análise em que procura a origem das palavras no latim, conclui que "a expressão 'aviso-prévio' significa, portanto, admoestação, ciência, notificação que se faz previamente, antes. No caso do contrato do trabalho é a ciência de sua terminação" (ALVARES DA SILVA, 2012).

O instituto é tão usual nas relações sociais que mereceu a inclusão de um verbete no *Novo Dicionário Aurélio da Língua Portuguesa*:

> Aviso-prévio. 1. Comunicação do empregador ao empregado, ou vice-versa, pela qual um faz saber ao outro a rescisão do respectivo contrato de trabalho dentro de determinado período. 2. Quantia que o empregador paga ao empregado quando é aquele que rescinde o contrato de trabalho. (FERREIRA, 2004, p. 239)

Observe-se que no verbete há a inclusão de um novo elemento, qual seja, a quantia paga pelo empregador. Essa noção, contudo, não se extrai do exame gramatical da expressão, mas da compreensão prática do instituto, por isso será analisada em momento oportuno.

Feita a definição etimológica, pode-se concluir, com Russomano (1961, p. 7), que o "aviso-prévio é pura e simplesmente uma notificação feita com antecedência".

Diante desta constatação, resta se aprofundar no estudo do instituto para que se possa responder às seguintes indagações que não se respondem, tão somente, com a análise etimológica: qual é a definição jurídica do aviso? (notificação, denúncia, comunicado, declaração reptícia); o que está sendo avisado? (conteúdo do aviso); e, porquanto prévio, a que fato ou ato deve anteceder o aviso?

4.3. Conceituação

Para atender ao objetivo principal desta dissertação, de aprofundar os estudos acerca da forma de aplicação do aviso-prévio proporcional ao tempo de serviço, na busca de uma interpretação que seja mais coerente com os princípios constitucionais e do Direito do Trabalho, faz-se necessário definir o objeto a ser analisado.

Definir é a atividade cognitiva de captar o conteúdo de um fenômeno, desvelar os elementos que o compõem e estabelecer o nexo lógico que os une, ao passo que conceituar é processo de descrição das características desse mesmo objeto, com base nos elementos aferidos.

Sobre a importância de se definir o objeto que se pretende analisar, é oportuna a lição de Martins Netto:

> Nada há de mais difícil do que definir, mas nada há de mais imperativo, para compreensão de cada instituto, notadamente do domínio jurídico. Pelo que, a despeito das falhas resultantes, a definição se torna imprescindível. Com a vantagem de que, à proporção em que se sucedem, tendem as definições a ser extirpadas de possíveis defeitos, aproximando-se da perfeição, todavia inalcançável em obra humana. (NETTO, 1972, p. 18)

Conceituar e definir são tarefas árduas, muito próximas e complementares, de maneira que os autores de Direito nem sempre se preocupam em estabelecer essa distinção. Muitas vezes acabam tratando um pelo outro, ou como se fossem a mesma coisa.

De fato, tal distinção é de somenos importância nesta dissertação que se ocupará, no presente item, com a busca dos elementos essenciais que compõem o aviso-prévio evidenciados pelos autores nas definições e nos conceitos formulados.

Isso se justifica por ser a compreensão da essência do instituto jurídico, a base sobre a qual se edificaram as interpretações jurídicas acerca da aplicação da regra da proporcionalidade ao tempo de serviço.

Todavia, há de se destacar que a "proporcionalidade", como vem sendo chamada, aventada pela Lei n. 12.506/11, não é um instituto jurídico propriamente dito, mas uma característica do prazo, aspecto temporal, ou um dos elementos que compõem o aviso-prévio.

Não é demais lembrar que a expressão "proporcional ao tempo de serviço" revela, na verdade, uma característica do aviso-prévio que será analisada em capítulo próprio.

Hirosê Pimpão, na clássica obra *Aviso-prévio*, que por longos anos foi tida como referência na doutrina pátria sobre o tema, após apresentar as mais variadas correntes na busca de uma definição que, "contendo o conceito, dê uma ideia perfeita e precisa do objeto definido", afirma que:

> o aviso-prévio é o **espaço de tempo**, fixado em lei, que antecede à rescisão unilateral do contrato de trabalho por prazo indeterminado, quando não tenha ocorrido um motivo imperioso, e durante o qual a parte avisada deve procurar restabelecer as condições normais de seu trabalho, evitando, assim, as consequências da ruptura brusca dos vínculos contratuais. (PIMPÃO, 1958, p. 78) (grifos nossos)

Sem se desatentar para a finalidade social do instituto, de restabelecer as condições normais de trabalho, e indicando as ocasiões de seu cabimento — rescisão unilateral em contratos por prazo indeterminado e sem motivo imperioso —, Pimpão (1958) sobreleva o aspecto temporal do aviso-prévio, definindo-o como "**espaço de tempo, fixado em lei**".

Essa definição, no entanto, foi objeto de críticas por Russomano, seguido por Carlos Alberto Reis de Paula (1988), nos seguintes termos: "o eminente mestre coloca algo que de fato o legislador não previu, ou por outra, que o aviso-prévio seja o espaço de tempo fixado em lei, visto como as partes podem dilatar os prazos mínimos que devem ser respeitados na notificação".

De fato, a lei estabeleceu um prazo mínimo que, conforme salienta Russomano (1961), poderá ser de natureza legal, convencional, consuetudinária ou contratual. Assim, procedem as críticas apontadas.

Sem mencionar o aspecto temporal, Alice Monteiro de Barros (2005) define o aviso-prévio como "a comunicação que uma parte faz a outra, avisando-lhe que pretende resilir o contrato de trabalho por prazo indeterminado".

Messias Pereira Donato, citado por Reis de Paula de forma mais coesa, mas sem pecar por imprecisão, assim definiu o instituto: "é a notificação de prazo a ser obrigatoriamente feita a um dos cocontratantes por parte do cocontratante que pretende denunciar sem justa causa o contrato de trabalho por prazo indeterminado que os vincula" (DONATO, p. 321, *apud* PAULA, 1988, p. 43).

Com maior precisão terminológica, Messias Pereira define o aviso como uma "notificação". Em termos jurídicos, isso implica dizer que se trata de um ato por meio do qual se dá conhecimento oficial e legal do texto de um documento a determinada pessoa. Notificar é fazer prova de recebimento ou de ter dado conhecimento, de maneira incontestável do conteúdo de um ato jurídico.

Note-se que o termo notificação traz em si a carga semântico-jurídica de declaração reptícia, uma vez que dar conhecimento inequívoco do conteúdo de certo ato torna-o apto à produção de efeitos. Em virtude disso, alguns autores, conforme se verá mais adiante, prefeririam utilizar-se, por estilo, da segunda expressão.

Mais esclarecedor, o mestre baiano Orlando Gomes (1990) afirma que "aviso-prévio é instituto peculiar a todo contrato de execução continuada, por tempo indeterminado, tornando-se essencial aos que vinculam a pessoa, como ocorre com o trabalho". E conceitua o instituto da seguinte maneira:

> **Consiste na obrigação** que tem qualquer das partes do contrato de trabalho por tempo indeterminado **de notificar** à outra de sua intenção de romper o vínculo contratual em data futura e certa.
>
> **É uma advertência** que se faz para prevenir o outro contraente de que o contrato vai se dissolver, de que seus efeitos vão cessar. Tem cabimento apenas no contrato de trabalho por tempo indeterminado,

> que se quer rescindir sem justa causa. (GOMES; GOTTSCHALK, 1990, p. 412) (grifos nossos)

Do cotejo do que foi visto até aqui, sobressaem-se importantes características do aviso-prévio trabalhista.

A primeira delas diz respeito ao seu cabimento, sendo certo que o instituto, conforme afirmado pelos autores, tem lugar na terminação dos contratos celebrados por prazo indeterminado, e, quando não há justa causa, para o rompimento.

Outra característica importante que se extrai é a da obrigatoriedade do aviso-prévio, definido pelo autor como "notificação" ou "advertência".

Infere-se, ainda, que o aviso antecede a dissolução do vínculo que se dará em data futura e certa, ou seja, há um interstício entre o comunicado e o fim do contrato. Quanto a esse ponto, há importantes divergências que serão expostas quando do estudo da natureza jurídica.

Amauri Mascaro Nascimento e Túlio de Oliveira Massoni (2012), na mesma linha do autor supramencionado, afirmam que "o aviso-prévio, próprio dos contratos de trato sucessivo por tempo indeterminado, pressupõe o rompimento do contrato de trabalho pela vontade de um dos contratantes, mediante notificação prévia à outra parte".

Atentos às características do instituto, dando sequência à exposição do tema, Mascaro e Massoni destacam os três significados essenciais que compõem o aviso-prévio, definindo-o da seguinte forma:

> Aviso-prévio, portanto, é instituto que comporta três acepções, já que significa a **comunicação** que a parte que quiser imotivadamente rescindir o contrato deve dar à outra, o **tempo** que vai desde a comunicação até o desligamento do empregado e o **pagamento** efetuado em função desse tempo. (NASCIMENTO; MASSONI, 2012, p. 7) (S.G.O.)

Evidencia-se na transcrição supra um novo elemento ou uma nova acepção ao aviso-prévio, qual seja, "o pagamento".

O ministro Mauricio Godinho Delgado, no seu *Curso de Direito do Trabalho,* manifesta sua adesão ao posicionamento de Mascaro e compõe um conceito que consegue captar com grande amplitude os principais aspectos do aviso-prévio — comunicação, prazo e pagamento — nos seguintes termos:

> [...] comunicação da rescisão do contrato de trabalho pela parte que decide extingui-lo, com a antecedência a que estiver obrigada e com o dever de manter o contrato após essa comunicação até o decurso

> do prazo nela previsto, sob pena de pagamento de uma quantia substitutiva, no caso de ruptura do contrato. O aviso-prévio tem, desse modo, segundo Amauri Mascaro Nascimento, tríplice caráter: comunicação, tempo e pagamento. (DELGADO, 2006, p. 1171)

Observe-se que Delgado (2006) e Nascimento e Massoni (2012) procuraram definir da maneira mais ampla possível o instituto do aviso-prévio, buscando revelar suas principais características, elementos essenciais e diferentes aspectos.

Antônio Álvares da Silva (2012), no entanto, discorda quanto à essencialidade de alguns elementos, afirmando que "os prazos previstos na CLT e o pagamento não são essenciais". Segundo ele, o aviso-prévio é "a ciência que uma das partes do contrato de trabalho por prazo indeterminado dá a outra de sua intenção de resili-lo sem justo motivo".

Da forma como tratado pelo autor citado acima, o aviso-prévio, definido como "ciência" da intenção resilitória, é essencialmente a notificação obrigatória, vista como uma declaração reptícia.

Nesse sentido, Luciano Martinez (2010) afirma que "o aviso-prévio é uma declaração unilateral reptícia, assim identificada porque somente gera efeito quando o destinatário toma conhecimento de seu conteúdo".

Finalmente, transcreve-se a definição de Délio Maranhão que corrobora as assertivas anteriores nos seguintes termos:

> O aviso-prévio é a declaração de vontade pela qual exercem as partes o direito potestativo da resilição do contrato de trabalho por tempo indeterminado, é de natureza reptícia, decorrendo daí a necessidade de um aviso ao outro contratante e do decurso de um certo lapso de tempo entre a declaração e a extinção do contrato. (SUSSEKIND, MARANHÃO, VIANNA, 1993, p. 591)

Com essa exposição, chega-se à conclusão de que a notificação que define o aviso-prévio, constituindo um dos seus aspectos, é, de fato, uma declaração da intenção de resilir a que estão obrigadas as partes ligadas por um contrato sucessivo e sem determinação de prazo e quando não há justo motivo para terminação.

Essa declaração, por sua vez, produz seus efeitos; entre os quais o de fixar a data do término do contrato, que se dará ao final de certo prazo — aspecto temporal —, a partir do momento em que chegue ao conhecimento da parte notificada.

É bilateral. Ao mesmo tempo que representa uma obrigação para a parte que pretende resilir, é um direito daquele que será surpreendido pela denúncia, advindo, assim, o aspecto do pagamento.

Da comparação das definições e dos conceitos apresentados pelos mais preeminentes doutrinadores, verifica-se que há entre eles uma certa noção de complementaridade, apesar de não haver unanimidade quanto à essencialidade dos elementos, do tempo e do pagamento. Concorda a doutrina, por outro lado, quanto à obrigatoriedade do comunicado, nas resilições sem justa causa nos contratos por prazo indeterminado.

Contudo, essenciais ou não, de fato, todos são componentes do instituto.

Conclusivamente, após toda a exposição, torna-se possível responder a uma importante questão levantada no início do capítulo. O "aviso" é uma notificação obrigatória de natureza reptícia, e é "prévio" porque antecedente ao término do contrato de trabalho, sendo certo que a declaração não encerra a relação jurídica contratual, mas produz o efeito imediato de fixar-lhe o termo.

Nem todos os autores, contudo, comungam desse posicionamento. Essas divergências serão examinadas com mais vagar no próximo tópico, que trata da natureza jurídica do aviso-prévio.

4.4. Natureza jurídica

Nos tópicos anteriores, viu-se que, nos contratos de trabalho, o prestador não pode interromper abruptamente a prestação de serviço, sob pena de causar prejuízos econômicos ao tomador; por outro lado, a manifestação de vontade do tomador no sentido de pôr fim à relação contratual de trabalho pode gerar prejuízos ainda maiores para aquele que depende do salário para sua sobrevivência. Esses motivos justificam a razão de ser do aviso-prévio.

Com base nisso, Salvador Alarcon, citado por Russomano (1961), afirma que o aviso-prévio constitui uma "INSTITUÇÃO DE GARANTIA", não só para o empregado e para o empregador, mas para o desenvolvimento econômico e a justiça social dos países que o incorporam ao seu ordenamento jurídico, tendo, assim, natureza legal.

Com forte enfoque social e corporativista, essa declaração, entrementes, mais revela as fontes do que propriamente a natureza jurídica do instituto.

De fato, é a lei fonte formal do aviso-prévio no Brasil, haja vista o que é tratado pela Constituição no art. 7º, inciso XXI, na CLT, e atualmente na Lei n. 12.506/11.

Todavia, como sobreleva Russomano (1961), nada impede que seja dado tratamento ao instituto, desde que seja para melhorar suas condições, nas Convenções e nos Acordos Coletivos de Trabalho, nos regulamentos das empresas e nos contratos individuais, o que revela a existência de outras fontes além da legal.

Para melhor explicar o que é a pesquisa acerca da natureza jurídica de um dado instituto, esclarece Mauricio Godinho Delgado que:

> [...] consiste em se apreenderem os elementos fundamentais que integram na sua composição específica, contrapondo-os, em seguida, ao conjunto mais próximo de figuras jurídicas, de modo a classificar o instituto enfocado no universo de figuras existentes no Direito. (DELGADO, 2006, p. 70)

A essa explicação, acrescenta-se o que afirma Antônio Álvares da Silva:

> Entende-se por natureza jurídica de um instituto a atividade metodológica pela qual se determinam os elementos jurídicos essenciais e gerais, ou seja, aqueles elementos que se subtraem como denominador constante no elenco das normas que o definem no campo do Direito. (SILVA, 2012, p. 24)

O mesmo autor, iniciando sua exposição acerca da natureza jurídica do aviso-prévio, explica que "procura-se saber qual é a essência do aviso-prévio e qual papel que desempenha no conjunto das instituições de Direito do Trabalho" (SILVA, 2012, p. 24).

Mozart Vitor Russomano (1961) ressalta, no entanto, que "a natureza jurídica do aviso-prévio é um problema poliédrico", querendo dizer que, para sua completa compreensão, há de ser estudada por diversos ângulos.

Assim, atento ao que Russomano chamou de "problema poliédrico" e seguindo as pegadas de Amauri Mascaro, Mauricio Godinho Delgado analisa a questão da natureza jurídica por três prismas distintos, da seguinte forma:

> Efetivamente, a natureza jurídica do pré-aviso, no ramo juslaborista, é **tridimensional**, uma vez que ele cumpre as **três** citadas **funções**: a declaração de vontade resilitória, com sua **comunicação** à parte contrária; **prazo** para efetiva terminação do vínculo, que se integra ao contrato para todos os fins legais; **pagamento** do respectivo período, seja através do trabalho e da correspondente retribuição salarial, seja através de sua indenização. (DELGADO, 2006, p. 1.171) (S.G.O.)

Tendo em vista a "tridimensionalidade" do instituto, todas essas perspectivas devem ser levadas em conta no estudo da natureza jurídica, sendo elas: a comunicação ou declaração de vontade resilitória, o prazo para terminação do vínculo contratual e o pagamento consubstanciado no salário ou na indenização substitutiva.

Entretanto, como visto no item anterior, há divergência entre os autores quanto à essencialidade dos elementos acima citados (notificação, tempo e pagamento).

Há quem sustente ser da essência do pré-aviso somente a notificação, como Antônio Álvares da Silva (2012). Outros, porém, como Nascimento (2012), entendem ser essenciais também o aspecto temporal e o financeiro (pagamento).

Além disso, há controvérsias também em torno do entendimento dos doutrinadores acerca de cada um dos referidos aspectos.

Diante disso, para que se facilite a compreensão, serão analisadas em tópicos separados essas polêmicas e as divergências doutrinárias relacionadas a cada uma das três dimensões do aviso-prévio.

Não se pode olvidar, contudo, que, apesar de "tridimensional", trata-se de um instituto, sendo certo que a análise de cada um de seus aspectos, ainda que seja feita de forma separada, influencia inexoravelmente a compreensão dos outros.

4.4.1. O aviso

Não há, na doutrina consultada, autor que não reconheça o "aviso" como da essência do instituto. Todavia, grandes divergências surgem quando vão definir a natureza jurídica desse "aviso".

Esses debates, por longos anos, ficaram adstritos ao meio acadêmico, com poucas implicações práticas. No entanto, com o advento da Lei n. 12.506/11, que regulamentou a proporcionalidade ao tempo de serviço, as discussões ganharam novo fôlego.

Isso porque tornou-se necessário determinar o momento exato do rompimento contratual e do exaurimento do ato jurídico — o aviso-prévio — para estabelecer em quais contratos trabalho será aplicada a regra da proporcionalidade[27] na vigência da Lei n. 12.506/11 (critério de vigência temporal), guardada coerência científica.

Os posicionamentos já sedimentados acerca da natureza jurídica do aviso-prévio, especialmente sobre o aspecto da comunicação, tiveram de ser revisitados, uma vez que, a depender da corrente que se filie, ter-se-á entendimento diverso quanto ao momento do exaurimento do ato e do fim do contrato.

A síntese do dissenso, a respeito da natureza jurídica do aviso-prévio com sobrelevo no aspecto da comunicação, é bem delineada por José Augusto Rodrigues Pinto e Rodolfo Pamplona Filho:

(27) Nesse item será examinado apenas o momento do término do contrato. A discussão acerca do critério temporal e da aplicação retroativa da Lei n. 12.506/11 será vista no Capítulo 6.

> Para uns, dentre os quais se incluem Orlando Gomes e Elson Gottschalk, o aviso-prévio é um **ato receptício**, eis que, recebida a denúncia, originária do empregador (despedida) ou do empregado (demissão), **traduz-se, imediatamente, em ato jurídico perfeito e acabado**, aceitando ou não as partes, e, ainda, de um **ato constitutivo, cujo efeito se produz para o futuro**. Outros, como o professor Russomano, classificam-na como **conversão do contrato** de duração indeterminada em de duração determinada. E também há quem a diga como **termo suspensivo ou inicial da efetiva extinção** do contrato (o professor Catharino, por exemplo). (RODRIGUES PINTO; PAMPLONA FILHO, 2000 *apud* GUNTHER; ZORNIG, 2004, p. 93) (grifos nossos)

Como se pode perceber, segundo os mencionados autores, há três principais correntes sobre o tema, ao lado das quais merecem também destaque aqueles que classificam o AP como uma condição resolutiva. Esses entendimentos serão vistos a seguir.

Os autores que classificam o aviso-prévio como a transformação do contrato por prazo indeterminado em contrato a termo entendem que a comunicação seria a denúncia propriamente dita.

Dessa forma, quando recebida a notificação pela parte avisada, o aviso-prévio se consubstanciaria ato jurídico perfeito e acabado, extinguindo nesse mesmo momento o contrato de trabalho de duração indeterminada.

Como expoente dessa corrente, Russomano (1953) assevera que "as partes subordinavam-se a um contrato por tempo indeterminado, que, como concordam os melhores tratadistas, é transformado, via denúncia e aviso-prévio, em contrato por prazo certo, fatal".

Arnaldo Süssekind (2001) revela o pensamento de Jan Vincent, semelhante a Russomano, ao afirmar que o "principal efeito da declaração é transformar em contrato a termo a convenção feita sem prazo, de modo que, decorrido o período do aviso, ela termina automaticamente".

Martins Netto (1972), trilhando caminho análogo, sustenta que a denúncia extingue o contrato de trabalho, transformando-o (contrato indeterminado em determinado); considera, dessa forma, o aviso-prévio o pacto adjeto; ocorre, para ele, a mutação do contrato por "novação legal" da seguinte forma:

> Evidencia-se, destarte, seguir-se, a um só *contrato por tempo indeterminado*, um *contrato por tempo determinado*, com sensível mutação das condições por imposição legal, traduzindo verdadeira *novação*. [...]
>
> A denúncia, resolução resilitória, ou simplesmente resilição do contrato de trabalho por tempo indeterminado, ao qual se sucede, por

> novação legal, um contrato por tempo determinado, sujeito as novas regras, determina, quanto ao primeiro, uma série de inferências. [...]
>
> Devemos aqui um esclarecimento dos motivos por que estamos a caracterizar o contrato por tempo determinado, correspondente ao aviso-prévio, como *pacto adjeto*. (MARTINS NETTO, 1972)

Martins Catharino, citado por José Augusto Rodrigues Pinto (1985), contrapôs-se a essa ideia alegando que a mutação do contrato não poderia ocorrer, com fundamento em quatro fortes argumentos.

Primeiro, pelo fato de estar, o aviso-prévio, diretamente vinculado à resilição unilateral sem "justa causa", espécie de terminação da relação de emprego por tempo indeterminado.

Em segundo lugar, afirma que um tipo de contrato não pode ser convertido em outro, ou sofrer mudança de qualificação, ao alvedrio de uma das partes ou por ato unilateral de um ou outro(s) contratante(s).

O terceiro argumento apresenta uma situação paradoxal. Revela que, se ocorresse a transformação, sendo o aviso imperativo, todo contrato de emprego resilido "sem justa causa" seria por tempo determinado.

E concluem o raciocínio asseverando que, operada a mutação pelo aviso, também se estaria negando a resilição unilateral: o contrato terminaria por extinção, esvaindo-se ainda mais a distinção do contrato de emprego quanto à duração.

Ao que parece, não há como refutar as alegações levantadas por Martins Catharino, o que tornou a tese da mudança da estrutura do contrato com a dação do aviso pouco aceita na doutrina contemporânea.

Cabral (1998), aderindo à corrente de Cesarino Junior, afirma tratar-se o aviso-prévio de condição resolutiva, de maneira que, enquanto essa não se realiza, vigora o ato jurídico; mas, verificada a condição, se extingue o direito a que ela se opõe, para todos os efeitos.

Diante disso conclui que, "concedido o aviso-prévio e transcorrido o seu prazo, cessam as obrigações e os deveres inerentes aos objetos do contrato de trabalho" (CABRAL, 1998, p. 151).

Essa corrente também é refutada por Martins Catharino, nos seguintes termos:

> Não se diga que o ato unilateral extintivo resultou de uma condição resolutiva tácita, a qual depende de interpelação judicial, nem de sua homônima expressa, cuja presença implica a configuração de um contrato por tempo determinado e cuja verificação extingue o

> contrato, normalmente. Nem de clausula resolutiva tácita que determina resolução (judicial) por inadimplemento e nunca a dissolução imediata por resilição ainda que abstrata, não sendo estável o empregado. (CATHARINO *apud* NETTO, 1972, p. 48)

Após demonstrar com robustos argumentos que as correntes da transformação do contrato e a da condição resolutiva não se sustentam, Catharino (1965) afirma que o aviso-prévio tem a função de retardar o efetivo término da relação já condenada, anexando à denúncia um termo inicial ou suspensivo.

Para o referido autor, a denúncia é pressuposto do aviso-prévio, mas fica a ele geminado. Seriam "integrantes de um todo produzido em um momento dado", consubstanciando-se um ato único.

Assim, Catharino conclui seu pensamento afirmando que:

> Se assim não fosse, se o aviso, dito prévio, fosse realmente simples comunicação de uma denúncia futura, e não sua contemporânea, nada impediria, porque favorável à persistência da relação, que o seu autor livremente voltasse atrás na sua intenção — ainda não consumada de resilir. Por isto é que a chamada "condição puramente potestativa — a rigor não é condição — representa uma contradição insanável em relação à denúncia. Despedir-que não despedir [...]".
>
> Ambos dizem respeito à sua morte. A denúncia o dissolve e, por sua vez, pelo aviso-prévio, tem sua eficácia adiada. Tecnicamente, a denúncia com aviso-prévio é um ato unilateral com termo suspensivo. Vale com ou sem ele, mas, se com ele, sua eficácia fica postergada no tempo, até quando esgotar-se o termo. (CATHARINO *apud* NETTO, 1972, p. 49)

Em síntese, a corrente capitaneada por Martins Catharino afirma que a denúncia, tida como a manifestação da intenção e o exercício do direito de resilir, pode ser feita com ou sem aviso-prévio.

Nas situações em que há obrigação de pré-avisar, como no caso do contrato de trabalho, a denúncia feita com aviso consubstancia-se ato único (ato unilateral com efeito suspensivo), fica unida à resilição na mesma comunicação e tem sua eficácia diferida até esvair-se o termo.

Para essa corrente doutrinária, a extinção do contrato só se dá após o advento do termo imposto pelo aviso-prévio, a denúncia jungida a ele é um ato único, mas que não se exaure de imediato. Inicia-se o ato com a comunicação e termina no termo fixado, declarando-se aí a morte do contrato.

Finalmente, há aqueles que seguem por outros rumos, classificando o aviso-prévio como uma comunicação, notificação ou declaração receptícia da intenção resilitória.

Capitaneando essa corrente, Orlando Gomes explica que:

> A denúncia partida do empregador denomina-se despedida. Demissão intitula-se comumente a denúncia feita pelo empregado. Recebida esta, por qualquer das partes, visto como se trata de um direito potestativo, converte-se desde logo em ato jurídico perfeito e acabado. Independe, pois, de aceitação das partes. Diz-se por isso que é ato receptício. É, ademais, um ato constitutivo, cujo efeito se produz para o futuro, *ex nunc*, e não retroativamente. [...] O aviso-prévio é a expressão material da denúncia. (GOMES; GOTTSCHALK, 1990, p. 432)

O fundamento encontra-se nas lições de Pontes de Miranda, explicado por Marco Antônio Trevisan da seguinte maneira:

> A denúncia consiste num direito potestativo de desligar-se do contrato, ou, conforme ensina Pontes de Miranda, num "direito formativo extintivo", *i. e.*, um direito de, unilateralmente, dar ensejo — "formar" — a extinção do contrato. A denúncia não desconstitui o contrato — seus planos de existência, sua validade e eficácia (esta já consumada) —, mas apenas encerra o que ainda iria ocorrer (os efeitos que seriam, no futuro, produzidos), de sorte que "quem denuncia não desfaz; evita que se faça o que se poderia fazer". (TREVISAN, 2012)

Importa notar que os que se filiam a essa corrente partem do ponto de que a denúncia é um direito potestativo — o direito de resilição unilateral —, para chegar à conclusão de que o aviso-prévio é parte desse direito, uma vez que é a forma como ele se manifesta, ou seja, a declaração, a comunicação ou a notificação desse direito.

Carlos Alberto Reis de Paula manifesta adesão a esse posicionamento e, de forma minudente, explica:

> [...] podemos afirmar que o poder de resilir o contrato de trabalho constitui um direito atribuído a cada um dos contratantes. É um direito *potestativo, constitutivo e não autônomo*.
>
> *Potestativo* é a expressão da vontade dominante de um dos contratantes, ante a qual a outra tem apenas uma posição receptiva, sendo nítido o caráter unilateral da iniciativa. Não visa o cumprimento de um dever jurídico, ao qual estava sujeito o outro contratante, sofrendo o pré-avisado as consequências do direito do pré-avisante.
>
> *Constitutivo* o é exatamente por ser potestativo. Cria uma situação jurídica nova, não tendo efeito meramente declaratório, pois há uma influência sobre a posição jurídica do destinatário, modificando-a.

> Não *autônomo* é um dos caracteres do aviso-prévio enquanto pressupõe a existência de uma relação jurídica (contrato de trabalho, em cujos polos se situam empregado e empregador). (PAULA, 1988, p. 51)

Adere também a essa corrente Alice Monteiro de Barros (2005), sustentando que "o aviso-prévio é uma comunicação que uma parte faz a outra avisando-lhe que pretende resilir o contrato por prazo indeterminado".

Posicionamento semelhante adota Bezerra Leite ao afirmar que o aviso-prévio consiste "numa comunicação que é dada por um dos sujeitos da relação de emprego, dando-lhe ciência de que o contrato será extinto no prazo assinalado".

Os dois autores acima citados classificam o aviso-prévio como a "comunicação" da extinção do contrato que se dará em data futura. Dessa afirmação pode-se aferir que se filiam à corrente dos que atestam que o aviso-prévio é a declaração da extinção do contrato que se dará no futuro.

Identifica-se, também, com a corrente que tem como expoente Orlando Gomes[28], Vólia Bomfim, nos seguintes termos: "uma declaração unilateral de vontade receptícia desconstitutiva do contrato. Entre esta comunicação e a terminação efetiva do contrato há um lapso temporal mínimo de trinta dias" (CASSAR, 2011, p. 820).

Note-se que essa autora faz menção ao prazo de 30 dias para extinção contratual cuja análise é feita no tópico seguinte.

Na mesma linha, Sergio Pinto Martins segue afirmando que o aviso-prévio é um direito potestativo a que a outra parte não pode se opor, independendo de qualquer tipo de aceitação para a produção de seus efeitos. Segundo Martins, "com o aviso-prévio, portanto, é criada uma nova situação jurídica em relação ao contrato de trabalho, ou seja: há a rescisão do pacto laboral" (MARTINS, 2003, p. 374).

Cabe registrar aqui uma importante reflexão. Poder-se-ia levantar a indagação de que, em se considerando o aviso-prévio um direito potestativo, assim definido aquele ao qual a parte não pode se opor, estar-se-ia considerando, de acordo com a concepção contemporânea do instituto, um direito potestativo (aviso-prévio) restringindo outro direito potestativo da parte de resilir o contrato, o que poderia gerar um aparente paradoxo.

Ciente disso, Antônio Álvares da Silva (2012) sobreleva que o aviso-prévio não restringe o direito potestativo de resilição, ao contrário disso, é em verdade um instrumento regulador, um mediador entre a autonomia da vontade e a proteção ao emprego.

---

(28) RODRIGUES PINTO; PAMPLONA FILHO, 2000, *apud* GUNTHER; ZORNIG, 2004, p. 93.

Seguindo esse raciocínio, Antônio Álvares da Silva (2012) afirma que "a real natureza do AP é a vontade resilitória de uma das partes do contrato de trabalho, através da emissão de vontade à outra dirigida".

De fato, incongruência não há. O aviso-prévio, segundo essa doutrina, é uma das formalidades impostas pela lei para o exercício do poder de resilir unilateralmente um pacto sucessivo de duração continuada.

O pré-aviso, assim considerado, é a forma com que se instrumentaliza a denúncia, sendo essa um direito potestativo ao qual a parte não pode se opor, podendo ser classificado, como comunicação, "declaração receptícia" ou "notificação", todas com idêntico valor jurídico.

Na visão desses doutrinadores, o ato jurídico aviso-prévio, tido como a comunicação, exaure-se no exato momento em que se chega ao conhecimento da parte avisada e em momento posterior ocorre a resilição — no final do prazo.

Após a análise de todo o exposto, chega-se à redundante conclusão de que não há consenso doutrinário a respeito da natureza jurídica do aviso-prévio sob o aspecto da comunicação.

Ocorre que essas divergências implicam maneiras distintas de se definir o exaurimento do ato do aviso-prévio e momentos distintos para a terminação do contrato que acarretam, por conseguinte, discordância na forma de se interpretar a vigência temporal da Lei n. 12.506/11.

Dessa constatação, desponta a necessidade de analisar se as posições tomadas pelos autores que se propuseram a interpretar a vigência temporal da lei guardam correspondência com o entendimento que têm a respeito da natureza jurídica do aviso, sob pena de se abalar a coerência científica. Essa análise será feita no Capítulo 6.

Finalmente, do cotejo dos entendimentos expostos, conclui-se que, a despeito de a doutrina majoritária, seguindo as pegadas de Orlando Gomes, classificar o aviso-prévio como uma declaração receptícia ou notificação que se encerra em um único ato, essa não parece a melhor orientação, porquanto desconsidera o elemento tempo como essencial do aviso-prévio.

Melhor parece a posição defendida por Martins Catharino, que não desconsidera o direito potestativo da resilição, mas também dá sobrelevo ao aspecto temporal com uma visão holística e tridimensional do aviso-prévio.

4.4.2. O prazo

Nunca é demais lembrar que o prazo, ao lado do comunicado e do pagamento, são aspectos — parte de um todo — que compõem o aviso-prévio.

Com enfoque no aspecto temporal, Martins Catharino afirma que o aviso-prévio é "um lapso de tempo imposto por lei entre a denúncia do contrato e sua efetiva terminação".

Esse lapso temporal (tempo que medeia o comunicado e a efetiva terminação) pode ser de natureza legal, convencional ou contratual. Nesse ponto, esclarece Hirosê Pimpão:

> [...] conquanto em nosso Direito positivo nada se encontre disposto a respeito, concluímos ser lícito que as partes pactuem o prazo de duração maior do que o fixado na lei, por não se oporem a isso razões ponderáveis, a menos que, em face de um caso concreto, elas se apresentem. E continua: "Não vemos nenhum inconveniente nesse procedimento. Até pelo contrário, acreditamos que nele vai grande parte do reconhecimento do empregador pela contribuição recebida de seus auxiliares no sentido do progresso da empresa". (PIMPÃO, 1959 *apud* GUNTHER; ZORNIG, 2004, p. 99)

Complementa-se essa ideia com a seguinte afirmativa feita por Arnaldo Süssekind: "A natureza potestativa e receptiva do direito exercido com o aviso-prévio, como pondera Délio Maranhão, exige o decurso de um tempo entre a notificação e o efeito extintivo da declaração de vontade" (SUSSEKIND, 2001, p. 153).

Assim, o aviso-prévio, sob esse enfoque, é o prazo que se atrela à denúncia e vai desde a notificação até a efetiva terminação do contrato, de maneira que, feita a comunicação, o tempo passa a integrar para todos os efeitos o contrato de trabalho.

Esse posicionamento, inclusive, é o que se infere da OJ-SDI1 n. 82 do TST na qual se lê:

> OJ-SDI1-82 — AVISO-PRÉVIO. BAIXA NA CTPS (inserida em 28.4.1997) A data de saída a ser anotada na CTPS deve corresponder à do término do prazo do aviso-prévio, ainda que indenizado. (BRASIL. Tribunal Superior do Trabalho, Orientação Jurisprudencial da Subseção I Especializada em Dissídios Individuais, 2012)

Ademais, não se encontrou divergência doutrinaria relevante a respeito, de maneira que se torna desnecessário o aprofundamento do tema. De fato, o prazo compõe o aviso que passa a integrar o contrato de trabalho para todos os efeitos.

Imperioso destacar de forma conclusiva que a Constituição de 1988 estabeleceu um prazo mínimo de 30 dias que não pode ser desobedecido, e estatuiu a proporcionalidade — regulamentada pela Lei n. 12.506/11 —, que será analisada separadamente em um capítulo próprio, dados os objetivos desse trabalho.

4.4.3. O pagamento

Importante destaque merece ser dado também ao pagamento, um dos três relevantes aspectos a serem observados no estudo da natureza jurídica do aviso-prévio.

Dessa forma, ainda que se proponha a verificar uma dessas dimensões, inexoravelmente se deve ter em mente as concepções que se tem das outras.

Antes de adentrar nas questões atinentes ao pagamento, é importante que se frise que o aviso-prévio, do ponto de vista obrigacional, constitui, conforme asseverado por Carlos Alberto Reis de Paula (1988), "uma obrigação de fazer".

Judiciosamente, Dorval Lacerda citado por Pimpão (1958), nesse mesmo sentido, afirma que o aviso-prévio é "uma obrigação que se impõe tanto para o empregador como para o empregado".

Assim, quando se propõe a examinar o aspecto pagamento, primeiro, se deve considerar que o "aviso-prévio é uma obrigação legal, de ordem pública, imperativa e impostergável, por isso que a própria Constituição Federal estabelece sua obrigatoriedade" (art. 7º, XXI) (ALMEIDA, 1992, p. 248).

É, portanto, conforme afirma Orlando Gomes (1990), uma obrigação de fazer, qual seja, a de obedecer o tempo corrido que, por lei, não se alterna com a de pagar, não sendo dado ao empregador optar por conceder o tempo ou pagar os salários correspondentes, haja vista que a finalidade do aviso só pode ser atingida se houver um espaço de tempo para que as partes possam se restabelecer.

Corrobora com o que foi dito acima, com ressalte na concepção contemporânea do instituto, Pedro Proscursin (1999), sustentando que "O aviso-prévio é uma obrigação legal consagrada nos contratos em geral de prazo indeterminado. Trata-se de uma limitação à liberdade contratual".

E, finalmente, Antônio Carlos A. de Oliveira, que argumenta:

> [...] caso não fosse considerado como sendo uma obrigação, não haveria como se imputar uma indenização pelo ato ilícito: imputa-lhe um pagamento que representa uma punição pelo cometimento do ilícito, uma vez que a sua conduta de não pré-avisar é exatamente contrária à conduta que consiste em pré-avisar e que constitui o dever jurídico oriundo do fato da resilição unilateral sem justa causa. (OLIVEIRA, 1991, p. 424)

Em sendo o aviso-prévio, sob o enfoque do pagamento, uma obrigação, deve ser analisado em duas distintas situações, a saber:

a) Quando a obrigação é cumprida — o aviso-prévio é concedido pelo empregador e trabalhado pelo empregado

Nesse caso, não há divergência doutrinária nem jurisprudencial.

Concordam os autores e magistrados que o tempo do aviso-prévio integra o contrato de trabalho para todos os efeitos. Assim, havendo sido trabalhado, haverá obrigação de pagar salário, tendo essa parcela indiscutível caráter salarial.

Por todos, Mauricio Godinho Delgado (2006): "O pagamento do aviso -prévio prestado em trabalho tem natureza nitidamente salarial: o período de seu cumprimento é retribuído por meio de salário, o que lhe confere esse inequívoco caráter".

b) Quando a obrigação é descumprida — aviso não é concedido ou é concedido e indenizado (não trabalhado)

Se o aviso-prévio não for concedido, não será possível atingir suas finalidades, por outro lado, restando evidente o descumprimento de uma obrigação legal.

Confirmam essa afirmação Magano e Mallet (2011), informando que o "pré-aviso é o prazo que deve preceder a rescisão unilateral do contrato de trabalho de termo final indeterminado e cuja não concessão gera obrigação de indenizar".

Assim, caso haja inadimplemento da obrigação, ou seja, "se o empregador não cumpre por forma específica a sua obrigação de fazer, esta se converte em obrigação de pagar. Nesta conversão de obrigações, opera-se, tecnicamente, o que o direito denomina ressarcimento de dano" (GOMES; GOTTSCHALK, 1990, p. 413).

E prossegue o mesmo autor afirmando o caráter indenizatório do pagamento nessa situação: "O caráter ressarcitório da indenização de aviso-prévio não se altera porque seja ela correspondente ao salário do prazo do aviso. É uma forma encontrada pelo legislador para liquidar o dano, tarifando-o à *forfait*" (GOMES; GOTTSCHALK, 1990, p. 413).

Na mesma linha de raciocínio, Irany Ferrari sobreleva que a correspondência feita pela lei (art. 457 da CLT) ao salário é apenas um referencial, afirmando que:

> a interpretação de que o pagamento dessa indenização tem natureza salarial fere frontalmente o disposto no art. 457 da CLT, ao conceituar a remuneração devida ao empregado como o salário pago diretamen-

> te pelo empregador, a título de contraprestação de serviço. É certo ainda que o salário indicado nesse dispositivo é simples referencial indenizatório. (FERRARI, 2000, p. 111)

Essa doutrina se baseia no fato de que, se não houve trabalho, não se pode falar em salário, que conceitualmente é uma contraprestação a um serviço prestado.

É de se ressaltar, no entanto, que, não obstante atribuam a esse pagamento um caráter eminentemente ressarcitório, reconhecem que o tempo deve ser computado para todos os efeitos legais, nos casos de descumprimento ou do aviso-prévio indenizado.

Esclarecedoras as palavras de Orlando Gomes nesse ponto:

> É bem certo que o legislador pátrio, dando excessiva ênfase à obrigação de o empregador cumprir por forma específica o aviso, mandou que se computasse o tempo, para todos os efeitos, mesmo se pagou a indenização substitutiva do aviso-prévio. Pretendeu-se criar, assim, uma forma de tutela perfeita, mediante uma ficção legal de aviso dado em tempo corrido, mas instituindo, em verdade, uma forma de execução forçada de obrigação de fazer, por ficção legal. (GOMES; GOTTSCHALK, 1990, p. 413)

Em sentido oposto, considerando que o pagamento, nesses casos, tem natureza salarial, dando sobrelevo ao caráter social dessa parcela, manifesta-se José Augusto Rodrigues Pinto, citando Catharino:

> A conveniência recíproca é o principal fator da substituição do tempo de aviso por dinheiro, prevista na própria lei, ao contrário do determinado sobre férias. Ora, a substituição, favorecendo ao empregado, não tem natureza indenizatória. Seria autêntico absurdo admitir-se indenização sem ocorrência de dano e de valor superior a prejuízo. (CATHARINO, p. 43)

A Súmula n. 305 do Colendo Superior Tribunal do Trabalho, que determina o recolhimento do Fundo de Garantia do Tempo de Serviço sobre o aviso-prévio indenizado, revela que a jurisprudência tem-se inclinado a adotar esse posicionamento.

Quando o empregado descumpre a obrigação de dar o aviso ao empregador, porquanto recíproca a obrigação, deve indenizá-lo, na forma do art. 487, § 2º, da CLT.

Uma vez relatados os posicionamentos doutrinários quanto aos elementos comunicação, prazo e pagamento, constata-se que a natureza jurídica do aviso-prévio é tema bastante controvertido, não há consenso doutrinário e jurisprudencial. Fato que só faz reforçar aquilo que foi afirmado em ocasiões posteriores com relação à necessidade de aprofundamento desse estudo.

De forma conclusiva, no que tange à natureza jurídica, afirma-se, com apoio em Mauricio Godinho Delgado e Amauri Mascaro, que o aviso-prévio é um instituto multidimensional, composto de comunicado, tempo e pagamento.

A forma como é concebida cada uma dessas dimensões influencia diretamente a interpretação do instituto e os procedimentos no caso de rescisão de contratos de trabalho, conforme visto. Essa análise será de grande relevância para a compreensão dos conflitos provocados pela publicação da Lei n. 12.506, que cria o chamado "aviso-prévio proporcional", uma vez que desconsiderou todos os aspectos legais afetos a ela.

4.5. Efeitos

O primeiro efeito que se sente com a dação do aviso, segundo Mauricio Godinho Delgado (2006), é a fixação da data do término do contrato. Sabido que a denúncia, conforme visto alhures, é "declaração extintiva com eficácia diferida", é a comunicação que uma parte faz a outra de que tem por findo o contrato.

Em virtude disso, Martins Catharino afirma que "a denúncia e o aviso -prévio são partes de um todo", e prossegue afirmando que "a denúncia com aviso-prévio é ato unilateral com termo suspensivo. Vale com ou sem ele, mas, se com ele, sua eficácia fica postergada no tempo, até esgotar-se o termo" (CATHARINO, 1965, p. 395).

Vê-se, assim, que a denúncia com aviso-prévio não se consuma com a notificação, faz-se protrair a extinção do contrato, que só se dará no final do prazo. Esse é, pois, o principal efeito do pré-aviso: fixar a data do rompimento do contrato.

Com relação ao momento da ruptura do vínculo, esclarece Mauricio Godinho Delgado (2006) que "Esta data corresponde à do recebimento do aviso pela parte contratante, é claro, uma vez que a resilição é declaração *receptícia* de vontade, com efeitos constitutivos. Assim, do recebimento da comunicação detonam-se os efeitos jurídicos do aviso-prévio.". É importante lembrar que, para Mauricio Godinho, o aviso-prévio tem natureza tridimensional. Esse autor considera a comunicação, o pagamento e o tempo componentes essenciais do instituto. Daí infere-se que aviso-prévio não se exaure imediatamente com a comunicação, mas apenas ao final do prazo.

Sintetizando tudo o que foi dito até aqui, transcreve-se a elucidativa lição de Modesto Martins:

> Em face de um contrato de prazo indeterminado e sem que haja motivo justo, uma das partes resolve resilir o pacto ou relação jurídica contratual. Para tornar efetivo esse propósito, avisa, notifica ou denuncia à outra parte a resolução já tomada. Esta não recebe efeito imediato em face do impedimento legal, imperativo, cogente, que, conquanto permita a imediata resilição, objeto do aviso-prévio, só admite a extinção da relação jurídico-contratual após o decurso do tempo que a lei prevê, ou conversão desse tempo em verdadeira multa legal. (NETTO, 1972, p. 46)

É importante frisar que o "aviso não extingue o contrato, apenas firmando prazo para sua terminação (art. 489, *ab initio*, CLT)".

Além desse principal efeito destacado, Gunther e Zornig (2004) revelam que os efeitos do aviso-prévio são:

a) Efeitos principais

- estabelece o marco da rescisão contratual, ao término de seu prazo;
- mantém integrais os direitos e as obrigações contratuais durante o seu curso;
- inclui o período no tempo de serviço do trabalhador, ainda que indenizado (art. 487, § 1º, da CLT).

b) Efeitos secundários

- do ponto de vista do empregado, proporciona tempo para a obtenção de uma nova colocação no mercado de trabalho;
- do ponto de vista do empregador, propicia tempo, igualmente, para providenciar um substituto à vaga a ser deixada.

Tendo-se aprofundado a compreensão do aviso-prévio por meio das análises da etimologia da expressão, da conceituação, da natureza jurídica e dos seus efeitos principais e secundários, torna-se possível responder às questões levantadas no início do presente capítulo.

a) Qual o significado jurídico do aviso? (termo, transformação do contrato, notificação, denúncia, comunicado, declaração receptícia)

Conforme foi verificado, não há resposta doutrinária unânime e há argumentos robustos que sustentam cada um dos posicionamentos retratados.

O mais importante, no entanto, é verificar a posição tomada por cada autor, para posteriormente averiguar se há correspondência lógica com a interpretação que faz da lei que instituiu a proporcionalidade.

Todavia, por levar em consideração a natureza tridimensional do aviso-prévio, sem desprezar nenhum de seus aspectos para melhor, há a corrente capitaneada por Martins Catharino que afirma ser o aviso-prévio, juntamente com a denúncia, ato unilateral com efeito suspensivo ou termo.

b) O que está sendo avisado? (conteúdo do aviso); e, porquanto prévio, a que fato ou ato esse deve anteceder o aviso?

Por todo o exposto, chega-se à conclusão de que o aviso e a denúncia são a mesma um só ato, ou seja, a um só tempo comunica e determina a resilição unilateral.

Partindo do pressuposto de que há um direito potestativo da parte de resilir o contrato de trabalho por tempo indeterminado, o que está sendo comunicado é o fim do contrato.

Destarte, é prévio porque antecede à efetiva extinção do contrato que somente se efetivará ao final do prazo (mínimo) fixado em lei (proporcional ao tempo de serviço) ou superior ao mínimo, fixado em norma coletiva, regulamento de empresa ou contrato individual de trabalho.

Respondidas essas questões e esclarecida a forma de proceder do aviso-prévio no Direito do Trabalho no Brasil, passa-se à análise do aviso-prévio proporcional ao tempo de serviço, conforme instituído pela Constituição de 1988.

5. Aviso-Prévio sob a Égide do Estado Democrático de Direito Instituído pela Constituição de 1988

A Constituição Federal de 1988 instituiu uma nova ordem jurídica[29] no Brasil, fez com que se configurasse o Estado Democrático de Direito[30] e de Justiça Social[31] que significa "a exigência de reger-se por normas democráticas, com eleições livres, periódicas e pelo povo, bem como o respeito das autoridades públicas aos direitos e às garantias fundamentais" (MORAES, 2006, p. 17).

---

(29) "A vigência e a eficácia de uma nova Constituição implicam a supressão da existência, a perda de validade e a cessação de eficácia da anterior Constituição por ela revogada, operando-se, em tal situação, uma hipótese de revogação global ou sistêmica do ordenamento constitucional precedente, não cabendo, por isso mesmo, indagar-se, por impróprio, da compatibilidade ou não, para efeito de recepção, de quaisquer preceitos constantes da Carta Política anterior, ainda que materialmente não conflitantes com a ordem constitucional originária superveniente. É que — consoante expressiva advertência do magistério doutrinário (BRITTO, Carlos Ayres. *Teoria da constituição*. Rio de Janeiro: Forense, 2003. p. 106) — 'Nada sobrevive ao novo Texto Magno', dada a impossibilidade de convívio entre duas ordens constitucionais originárias (cada qual representando uma ideia própria de Direito e refletindo uma particular concepção político-ideológica de mundo), exceto se a nova Constituição, mediante processo de recepção material (que muito mais traduz verdadeira novação de caráter jurídico-normativo), conferir vigência parcial e eficácia temporal limitada a determinados preceitos constitucionais inscritos na Lei Fundamental revogada, à semelhança do que fez o art. 34, *caput*, do ADCT/1988" (AI n. 386.820-AgR-ED-EDv-AgR-ED, rel. min. Celso de Mello, julgamento em 24.6.2004, Plenário, DJ 4.2.2005).

(30) Segundo José Afonso da Silva, "a democracia é um processo de convivência social em que o poder emana do povo". O Estado Democrático de Direito é um tipo de Estado que tende a realizar a síntese do processo contraditório do mundo contemporâneo, superando o Estado capitalista para configurar um Estado promotor de justiça social que o personalismo e monismo político das democracias populares sob o influxo do socialismo real não foram capazes de construir; a CF de 88 apenas abre as perspectivas de realização social profunda pela prática dos direitos sociais que ela inscreve e pelo exercício dos instrumentos que oferece à cidadania e que possibilita concretizar as exigências de um Estado de justiça social, fundado na dignidade da pessoa humana.

(31) Expressão cunhada por Miguel Reale, citado por Lemos (LEMOS, 2010, p. 123)

Tem como objetivo a promoção de condições objetivas de desenvolvimento humano e a realização da igualdade.

Esse modelo de Estado, segundo um dos maiores jusfilósofos da atualidade, Jurgen Habermas (2002), fundamenta-se na coesão interna do direito e da democracia, é o que ele chamou de "equiprimordialidade" entre a autonomia pública e a autonomia privada. Isso significa, em apertada síntese, a atribuição que tem o Estado Democrático de Direito de equacionar e administrar as tensões existentes entre os direitos individuais e os coletivos, uma vez que se reconhece que o indivíduo só expressa sua individualidade no contexto social em que está inserido.

Uma dessas grandes tensões é aquela que se revela entre a livre-iniciativa e o valor social do trabalho.

Assim, sob a égide do Estado Democrático de Direito no Brasil, implementou-se, na Constituição de 1988, um rol de direitos fundamentais sociais dos trabalhadores, no art. 7º, tornando-os cláusula pétrea, protegendo-os contra as intempéries do legislador ordinário.

O aviso-prévio trabalhista, outrora regulamentado apenas pela CLT, foi inserido na Carta Magna nesse rol de direitos. A partir de então, passou a ser visto como o ponto de interseção entre os dois valores supramencionados — tornou-se integrante de um sistema de proteção ao emprego, em atenção ao valor social do trabalho, e um regulador do processo de resilição, manifestação da livre-iniciativa.

Apesar do tratamento constitucional dado ao instituto, a Consolidação das Leis do Trabalho não foi revogada e continuou a ser aplicada, havendo apenas de ser adaptada aos desígnios da Carta Magna.

A Constituição estabeleceu um prazo mínimo de 30 dias entre o comunicado e a extinção contratual e determinou que o aviso-prévio fosse proporcional ao tempo de serviço. A primeira regra teve aplicação imediata, alterando a CLT. A segunda, entendida de eficácia contida, só foi regulamentada com o advento da Lei n. 12.506/11 (23 anos após a publicação da Constituição).

Ocorre que, nesse interregno de 23 anos — entre a promulgação da CF e a publicação da lei —, vários acontecimentos se sucederam.

Conforme será analisado a seguir, a promulgação da Lei n. 12.506/11 ocorreu em meio a um tormentoso quadro conjuntural e, aparentemente, só sobreveio em virtude das pressões exercidas no Congresso Nacional pelos detentores dos meios de produção e do poder (Capital), que se sentiram ameaçados com a possibilidade de o Supremo Tribunal Federal proceder, a seu modo, à integração da norma contida no art. 7º, inciso XXI, da CR.

Isso porque somente após o Supremo Tribunal Federal ter abraçado a "Teoria Concretista" nos Mandados de Injunção, alterando seu antigo posicionamento, e ter iniciado o julgamento das injunções que questionavam a mora legislativa é que se sucedeu a votação da lei no Congresso.

Por mais paradoxal que possa parecer, as mesmas pressões políticas que fizeram o legislador ordinário por tantos anos inerte o levaram posteriormente a editar às pressas a lei que regulamentou o aviso-prévio proporcional ao tempo de serviço.

Mas a proteção ao trabalho, valor supremo da ordem constitucional instituída, não pode depender da boa vontade do legislador, muito menos ser mitigada ou obstaculizada pela pressão do Capital.

Assim, todos esses fatores devem ser examinados e levados em consideração quando for feita a interpretação de qualquer dispositivo legal que trate de direitos trabalhistas, neles incluído o aviso-prévio proporcional ao tempo de serviço, para que se implementem os valores instituídos pela ordem jurídica constitucional.

Passa-se, então, a essa análise.

5.1. O primado do trabalho na Constituição de 1988. O aviso-prévio é integrado a um sistema de proteção ao emprego

A Constituição de 1988 fez com que se configurasse no Brasil, como visto acima, o Estado Democrático de Direito. A configuração desse novo modelo de Estado teve por consequência uma expansão do rol de direitos e garantias fundamentais, como esclarece Flávia Piovesan:

> Desde o seu preâmbulo, a Carta de 1988 projeta a construção de um Estado Democrático de Direito, "destinado a assegurar o exercício dos direitos sociais e individuais, a liberdade, a segurança, o bem-estar, o desenvolvimento, a igualdade, a justiça, como valores supremos de uma sociedade fraterna, pluralista e sem preconceitos [...]". Por sua vez, construir uma sociedade livre, justa e solidária, garantir o desenvolvimento nacional, erradicar a pobreza e a marginalização, reduzir as desigualdades sociais, regionais e promover o bem de todos, sem preconceitos de origem, raça, sexo, cor, idade e quaisquer outras formas de descriminação, constituem objetivos fundamentais do Estado Brasileiro, consagrados no art. 3º da Carta de 1988. Infere-se desses dispositivos quão acentuada é a preocupação da Constituição em assegurar os valores da dignidade e do bem-estar da pessoa humana, como imperativo de justiça social. (PIOVESAN, 2008, p. 26-27)

Como consequência desse processo de consolidação da democracia, a Assembleia Nacional Constituinte modificou a ordem constitucional existente no país, alterando-a segundo os princípios políticos, econômicos e sociais e adotando as seguintes linhas básicas:

- adoção de um modelo prescritivo, não omissivo, segundo diretriz do constitucionalismo social e de seus objetivos fundamentais, que compreendem a ideia da inclusão de direitos sociais nas constituições;

- opção por um texto constitucional não sintético tratando de uma variedade de direitos trabalhistas;

- inserção, no corpo da Constituição, de novos direitos trabalhistas, assim considerados aqueles até então não previstos na ordem jurídica, *e. g.*, a proporcionalidade do aviso-prévio ao tempo de serviço;

- incorporação de direitos trabalhistas que eram tratados apenas pela legislação ordinária, elevando seu status.

É possível dizer, em princípio, que a Constituição de 1988, em seus aspectos gerais, foi inovadora e regulamentarista, ou, pelo menos, pode-se afirmar com segurança que são esses seus traços marcantes.

Para Flávia Piovesan, o "sistema constitucional de 1988 traz o delineamento de um Estado Intervencionista, voltado ao bem-estar social, na medida em que reforça a ideia de que a participação estatal é imprescindível no campo social" Csiszer (2011, p. 36).

A nova Carta, fortemente influenciada pelo conjunto de ideias que se convencionou chamar de constitucionalismo contemporâneo, suscitou a ampliação do rol de direitos individuais e sociais e promoveu a confirmação de alguns valores que entendeu fundamentais para o desenvolvimento da sociedade.

Esses valores estão albergados no art. 1º, em que se descreve os fundamentos do Estado Democrático de Direito, que são soberania, cidadania, dignidade da pessoa humana, os valores sociais do trabalho e da livre-iniciativa.

Ao lado disso, a Constituição afirma que a ordem econômica se fundamenta na valorização do trabalho e determina que a ordem social tenha por base o primado do trabalho.

Quanto ao valor social do trabalho na Constituição Federal, Csiszer elucida:

> Nota-se que o valor social do trabalho está em destaque em vários artigos do texto constitucional, diante da constitucionalização dos

direitos do trabalhador, bem como pela sua inserção como mola propulsora da economia. Igualmente, a dignidade da pessoa humana sobreleva-se como valor fundante da ordem constitucional, donde se conclui que a dignidade do trabalhador deverá sempre ser respeitada. (CSISZER, 2011, p. 40)

No art. 7º foi instituído um rol de proteção aos direitos fundamentais dos trabalhadores e decidiu-se chamá-los de Direitos Fundamentais Sociais. Ludwig (2012) faz menção a Canotilho para explicar essa questão. Assim, ele explica o fenômeno da constitucionalização de alguns direitos trabalhistas da seguinte forma:

> "O fenômeno de constitucionalização de tais direitos é informado, por José Joaquim Gomes Canotilho, como o que promove a incorporação destes em normas formalmente básicas e subtrai, dessa forma, o seu reconhecimento e a sua garantia do âmbito de livre disponibilidade do legislador ordinário, protegendo-os mediante o controle de constitucionalidade de seus atos reguladores." (LUDWIG, 2012, p. 65)

Destarte, o legislador constituinte, por entendê-lo merecedor de uma proteção maior, incluiu o aviso-prévio, instituto secular, que vinha sendo regulamentado apenas pela CLT, no rol dos direitos fundamentais do trabalhador.

Verdadeiramente, mais importante que a proteção jurídica conferida ao instituto, aventada pela Magna Carta, foi a mudança de concepção por que passou o instituto, fato que interfere diretamente na forma de interpretá-lo.

Sobre tal importante mudança, Marcelo Lima Guerra sintetiza:

> [...] com a ordem jurídica instaurada em virtude da promulgação da Constituição de 1988, mudou-se o paradigma de Estado acarretando grande mudança no pensamento jurídico. Com esse novo paradigma, abriram-se portas para (antes: tornou-se mesmo imperioso) "submeter à revisão crítica tanto normas vigentes como interpretações consolidadas sobre dispositivos legais e até concepções mais generalizadas sobre largos setores do ordenamento jurídico". (GUERRA, 2012)

Na atualidade, a constitucionalização do instituto do aviso-prévio pode ser encarada como um dos tópicos que representam o maior desafio do Estado Democrático de Direito, o que Habermas denominou "equiprimordialidade"[32],

---

(32) Essa ideia não está distante da reflexão elaborada por Norbert Elias (1994, p. 129) quando critica que o "individual" e o "social" são em geral tratados não só como concepções diferentes, mas também como concepções antitéticas. A sociedade, nessa perspectiva, não é nem somente porção de pessoas juntas e isoladas umas das outras nem uma entidade orgânica supraindividual. Ao contrário, sociedade e indivíduo se entrecruzam, o que significa dizer que as pessoas estão ligadas entre si a partir

ou seja, a função de conciliar valores quase inconciliáveis: a livre-iniciativa e a autonomia privada e o valor social do trabalho e a proteção ao emprego.

Isso porque os interesses individuais e egoísticos de alguns grupos sociais são, muitas vezes, antagônicos aos interesses da sociedade e àqueles traçados na constituição e, dessa maneira, procuram desconstruir ideologicamente esses valores eleitos pela ordem constitucional como fundamentais.

O capitalismo contemporâneo finca suas bases em um modelo de gestão socioeconômica que propicia a desconstrução cultural do primado do trabalho e do emprego, atacando um dos fundamentos constitucionais, qual seja, o de valorização do trabalho.

A globalização, a hegemonia liberal e as atuais crises financeiras mundiais, após a abertura das fronteiras aos capitais e às mercadorias, retomaram a mercantilização do trabalho, a desregulamentação e o retrocesso social.

Tenta-se fortalecer a ideologia da desconstrução (flexibilização, desregulamentação, extinção) do Direito do Trabalho e do fim do emprego.

Com o argumento tecnológico e da reestruturação empresarial, sustenta-se o discurso de que, em uma realidade próxima, estarão escassos os postos de trabalho, e o emprego, como visto hoje, não mais existirá.

Jeremy Rifkin, no livro *O fim dos empregos*, argumenta que os empregos irão desaparecer de forma irreversível, até que quase ninguém os tenha mais.

Já Manuel Castells (2003), ao tecer considerações acerca da transformação do trabalho e do mercado de trabalho, faz uma análise do emprego e do trabalho sob a nova realidade que desponta, com uma visão um pouco diferente da de Rifkin. Segundo Castells, no processo de transformação do mercado, não desaparece nenhuma categoria importante de serviço. O que ocorre é uma diversidade cada vez maior de atividades e o surgimento de um conjunto de conexões entre as diferentes atividades, as quais tornam obsoletas as categorias de emprego.

Já o capitalismo especulativo sustenta que não depende mais da energia de trabalho humana. A retórica capitalista moderna tenta desvalorizar o trabalho dizendo que a riqueza se produz sem ele.

Desde Ricardo, muitos economistas procuram uma fórmula que explique o comércio internacional e, consequentemente, a divisão internacional do trabalho, com fatores globais presentes espacialmente. Chegaram à teoria das vantagens comparadas. Uma das suas mais recentes reformulações é o modelo

---

de uma rede de funções que elas desempenham umas em relação a outras: a isso damos o nome de "sociedade" (ELIAS, 1994, p. 21).

de HOS — sigla composta com as iniciais do sobrenome dos seus três artífices principais, os economistas suecos Eli Hecksher, Bertil Ohlin e Paul Samuelson.

Esse modelo sugere que a liberalização mercantil do trabalho induziria a um aumento geral da riqueza, mas ao preço do agravamento da desigualdade e na condição de que a mercantilização do trabalho fosse levada até o seu limite.

Juntamente com essas ideias, sustentam que os encargos sociais representam entrave para o desenvolvimento econômico. José Pastore, nesse sentido, afirma que:

> A ideia de se reduzir os encargos sociais visa, assim, transformar um pesado custo fixo em um custo variável — pelo menos em situação de emergência. Trata-se de uma maneira inteligente de desobstruir o canal do emprego e, com isso, fazer crescer a oferta de emprego. Essas coisas levam um certo tempo, mas contribuem efetivamente para se acomodar no mercado formal uma parcela da mão de obra que hoje está no desemprego ou no subemprego. (PASTORE, 1994)

Em síntese, verifica-se que o discurso neoliberal ataca a proteção do Estado ao trabalho com dois fortes argumentos: o primeiro deles se arrima nas alterações conjunturais, afirmando que o emprego, nos moldes vistos no passado, está em vias de acabar em virtude do surgimento, entre outros fatores, das novas relações de trabalho, do desenvolvimento tecnológico e da informatização; o segundo argumento se baseia na necessidade do desenvolvimento da economia e da competição internacional. Alegam que o "custo do trabalho"[33] representa um entrave ao desenvolvimento.

Enquanto, ao longo do século XIX, o pensamento liberal aprofundava cada vez mais as desigualdades sociais e econômicas, o Direito do Trabalho surgiu como uma resposta do Estado para a proteção e a defesa daqueles que eram ilimitadamente explorados pelo sistema. "A partir da consciência da importância do trabalho prestado em condições de dignidade, como contraponto à exploração da força de trabalho, é que se revela o direito do trabalho" (NEVES DELGADO, 2006. p. 26).

Fruto de conquistas históricas, esse ramo do Direito pressupõe que força de trabalho é fundamentalmente outra coisa que não uma mercadoria, porquanto constituída da energia vital de mulheres e homens, dignos pela própria existência.

---

(33) Em entrevista à revista *Valor Econômico*, veiculada com a seguinte chamada: "Para Pastore, há grave descompasso entre custo do trabalho e produção", José Pastore afirma que "houve um gravíssimo descasamento entre o custo do trabalho, que disparou, e o avanço da produtividade na indústria, que se manteve em um patamar baixo". Esse é um dos argumentos que sustenta a retórica neoliberal de desconstrução do primado do trabalho.

Não se origina apenas das lutas da classe operária, mas da reação do sistema capitalista, ameaçado de ruir por sua própria estrutura. Jorge Luiz Souto Maior, nesse sentido, afirma que:

> O direito do trabalho surge, portanto, mais como fruto de uma luta de ideias do que de uma reação instintiva dos trabalhadores pela sobrevivência, podendo-se destacar, também, que o resultado dessa luta, ou seja, a regulação das relações de trabalho, em certa medida, foi uma conquista, mas, em outra, uma reação do próprio capital como tática de sobrevivência. (MAIOR, 2000. p. 60)

Assim, os ordenamentos consagraram o trabalho como um valor social e impuseram medidas de proteção ao trabalhador e ao emprego.

Sobre a proteção constitucional do trabalho, cabe destacar que a análise dos modelos constitucionais mostra que são três as ordens de valorações que se desenvolvem no plano das Constituições: a do trabalho, a dos direitos sociais e a dos direitos trabalhistas.

A CF/88 trata do trabalho como um dos princípios gerais da atividade econômica, declarando como tais a valorização do trabalho humano e da livre-iniciativa (art. 170) e a busca do pleno emprego (art. 170, VIII). Entre os direitos e as garantias fundamentais incluiu o direito ao livre exercício do trabalho, do ofício e da profissão, atendidas as qualificações profissionais que a lei estabelecer (art. 5º, XIII).

Nesse contexto, consagram-se os direitos sociais como garantias asseguradas pelos ordenamentos jurídicos, destinadas à proteção das necessidades básicas do ser humano, para que este viva com dignidade e para que possa ter acesso aos bens materiais e morais condicionantes de sua realização como cidadão.

Segundo Karl Polanyi, o trabalho não é um "fator de produção" banal nem um "recurso" comercial do capital, mas uma "parte socializada do tempo de vida de cada um". Libertá-lo progressivamente do mercado adulterado em que se organiza — ao contrário dos outros mercados — a superabundância e o baixo preço não tem nada de utópico. Com isso, quer concluir que o valor do trabalho é artificial e dependente da política pública e econômica adotada.

Nesse sentido, Adalberto Cardoso ressalta a importância do Direito Constitucional do Trabalho como catalisador do desenvolvimento com justiça e democracia social, em sua função de melhoria das condições de pactuação da força de trabalho:

> O papel civilizatório do Direito do Trabalho então teria a ver com a penetração da proteção estatal ali onde as relações parecem, à pri-

> meira vista, ter caráter unicamente privado, já que a empresa nada mais é do que um instrumento para a produção do lucro, sendo, como tal e legitimamente, passível de gestão privada pelo proprietário. Aquele direito, então, penetraria as relações privadas, retirando-as desta esfera de arbítrio onde impera a lei do mais forte. Fá-lo-ia. Ademais, para além de uma perspectiva puramente humanista da liberdade regrada, na medida em que leva em conta as hierarquias reais que cortam a organização social burguesa moderna, que destina ao trabalho lugar subordinado. (CARDOSO, 2003, p. 115)

É nesse contexto de globalização e de crises mundiais que o Estado brasileiro reconheceu a necessidade da valorização do trabalho humano, ao lado do incentivo ao desenvolvimento econômico.

Contextualizando a inclusão dos direitos trabalhistas no texto da Constituição, explica Amauri Mascaro Nascimento:

> A sua inclusão na Constituição Cidadã justifica-se pela prevalência dos progressistas sobre os conservadores nas discussões que se travaram durante a Assembleia Nacional Constituinte, certamente motivada pela insatisfação geral com o regime ditatorial que se deixava para trás. Esta prevalência pode ser identificada em particular a partir da adoção de um modelo prescritivo, não omissivo, segundo a diretriz do constitucionalismo social e seus objetivos fundamentais, que compreendem a ideia da inclusão de direitos sociais nas Constituições; da opção por um texto-constitucional não sintético, que contém inúmeros incisos dispondo sobre uma variedade de direitos trabalhistas e com a inclusão de novos direitos trabalhistas, assim considerados aqueles até agora não previstos em nossa ordem jurídica, como, também, aqueles que o eram apenas em nível de legislação ordinária, passando, com a Constituição, a nível maior. (NASCIMENTO *apud* BOLCINHAS, 2011)

Com a inclusão desses direitos trabalhistas na Carta Política, cria-se um sistema de proteção ao emprego, como denominado por Arnaldo Süssekind. Sobre esse sistema esclarece Ludwig (2012):

> Considerando os diversos fins objetivados pela Constituição Federal quanto à tutela do trabalhador, um dos que apresentam maior relevo diz respeito à proteção ao próprio emprego em si, como uma compensação pelo término da estabilidade em regra geral. Tal proteção foi disciplinada em um sistema que compõe a indenização compensatória diante da despedida arbitrária ou sem justa causa (inciso I), o Fundo de Garantia do Tempo de Serviço (inciso III) e o aviso-prévio (inciso XXI).

> Segundo Arnaldo Süssekind, embora, lamentavelmente, a matéria não tenha sido tratada de forma sistemática em sequência, os três institutos se completam, protegendo o empregado mais antigo ao tornar mais onerosa sua despedida, tal como ocorre em diversos países. (LUDWIG, 2012, p. 66)

Dessa forma, aviso-prévio trabalhista "deixou de ser uma garantia igual e recíproca das partes para ser um direito constitucional do empregado contra a despedida arbitrária e a liberdade de trabalho como forma, inclusive, de proteção ao emprego" (RIPPER, 2012).

Renato Rua de Almeida expôs de forma incisiva este pensamento:

> Não há dúvida quanto a essa interpretação, pois, ao assegurar o princípio da proteção da relação de emprego contra a despedida arbitrária, o legislador constituinte valeu-se dos ensinamentos da doutrina moderna e do direito comparado, no sentido de que o aviso-prévio constitui um instrumento de limitação do direito ao empregador de romper imotivadamente o contrato de trabalho por prazo indeterminado, quebrando-se a sua igualdade recíproca em favor do empregado. (ALMEIDA, 1992, p. 1202)

Não se olvida que o instituto do aviso-prévio, como tratado na CLT, limita também a liberdade do empregado de deixar abruptamente o emprego, no entanto a proteção constitucional se deu somente sobre o direito do empregado e o instituto passou a compor um sistema de proteção ao emprego.

Russomano (1961), na sua alentada obra, de forma quase profética, já vislumbrava no aviso-prévio um ponto de equilíbrio entre a livre-iniciativa e a proteção ao emprego e, com a mesma ideia hoje trabalhada por Jurgen Habermas (2002), dizia a respeito da interpenetração da esfera individual na coletiva, da seguinte maneira:

O aviso-prévio, de certo modo, ultrapassa suas próprias finalidades. É por isso que transpõe os limites do direito privado, ao qual pertence historicamente.

> Acima daqueles fins imediatos (de natureza privatística), o aviso -prévio possui intensões mais altas, que penetram no mundo das conveniências sociais: quando protege o trabalhador, o aviso-prévio combate o desemprego; quando protege o empresário, o aviso-prévio estimula a produção. Isso equivale a afirmar que, aqui, mais uma vez, através do individual se chega ao coletivo e os interesses particulares do empregado e do empregador são sustentados em nome de interesses gerais, superiores, ou — se preferirmos os vocábulos — *coletivos e publicísticos*. (RUSSOMANO *apud* NETTO, 1972, p. 41)

Com efeito, o pré-aviso (legal) impede o rompimento contratual imediato com a simples manifestação de vontade impondo um dever jurídico a ambos os pactuantes.

Por outro lado, o aviso-prévio (constitucional), com o prazo mínimo de trinta dias e com a regra da proporcionalidade, é direito apenas do empregado[34] e visa a garantir-lhe maior proteção, tornando mais onerosa a dispensa e estabelecendo um lapso temporal mais dilatado — proporcional ao tempo de serviço — entre a comunicação e o efetivo rompimento contratual.

No entanto a regra da proporcionalidade do aviso-prévio ao tempo de serviço, estabelecida pelo constituinte ordinário — integrante do rol dos direitos fundamentais do trabalhador e que corrobora com o valor social do trabalho e com a dignidade da pessoa humana, pilares do Estado Democrático de Direito instituído com a Constituição de 1988 —, permaneceu por longos 22 anos sem aplicação, vindo a ser regulamentada apenas em 2011 por meio da Lei n. 12.506, conforme se verá a seguir.

5.2. O aviso-prévio proporcional ao tempo de serviço — da previsão constitucional — art. 7º, inciso XXI — advento da Lei n. 12.506, de 11 de outubro de 2011

Com a integração do aviso-prévio ao texto da Constituição, o instituto foi elevado a um nível maior, além de promover inovações no sistema jurídico com a regra da proporcionalidade e a fixação do prazo mínimo de 30 dias, com a seguinte redação:

> Art. 7º São direitos dos trabalhadores urbanos e rurais, além de outros que visem à melhoria de sua condição social:
>
> XXI — aviso-prévio proporcional ao tempo de serviço, sendo no mínimo de trinta dias, nos termos da lei. (BRASIL, 2012, DJI)

A interpretação desse dispositivo era feita dividindo-o em duas partes: a primeira, que determinou um prazo mínimo de 30 dias; e a segunda, que estipulou a proporcionalidade ao tempo de serviço.

Com relação ao prazo mínimo de 30 dias, entendia-se tratar-se de norma autoaplicável, desde a promulgação da Carta Magna, revogando-se qualquer disposição contrária, inclusive o inciso I do art. 487 da CLT, que estabelecia

---

(34) Registre-se que há divergências doutrinárias relacionadas à reciprocidade da proporcionalidade, baseada no princípio constitucional da isonomia. Essa questão será abordada no momento oportuno.

prazo de oito dias para algumas modalidades de contratação, conforme visto no capítulo anterior.

Quanto à proporcionalidade do aviso ao tempo de serviço, no entanto, prevalecia o entendimento, na doutrina majoritária(35) e na jurisprudência do Egrégio Tribunal Superior do Trabalho(36), que a expressão final do texto ("nos termos da lei") indicava tratar-se de norma constitucional de eficácia limitada, dependente de uma lei regulamentadora para que se viabilizasse a produção dos seus efeitos jurídicos, conforme a classificação proposta por José Afonso da Silva(37).

A transcrição abaixo, retirada da obra clássica *Instituições de Direito do Trabalho* de Arnaldo Süssekind (2000) bem ilustra esse pensamento, que reflete a posição assumida pela doutrina acerca da interpretação do dispositivo que prevaleceu até o advento da Lei n. 12.506/11:

> Conquanto a proporcionalidade do aviso-prévio, com base no tempo de serviço, penda de lei a ser editada, o certo é que a duração mínima de trinta dias do aviso produziu efeitos imediatos, a partir da promulgação da Constituição. Trata-se de dispositivo de eficácia limitada, isto é, parte dele é autoaplicável (limite de trinta dias) e parte depende de legislação regulamentadora (proporcionalidade). (SÜSSEKIND, 2000, p. 618)

Mauricio Godinho Delgado (2006), por sua vez, retrata o posicionamento jurisprudencial que prevalecia naquele momento histórico da seguinte maneira:

---

(35) Entendendo tratar-se de norma programática, de eficácia limitada, não possuindo portanto autoaplicação, conforme estudo de (LEMOS, 2010, p. 124-125; nota de rodapé): MARTINS, Sergio Pinto. *Comentários à CLT*. 11. ed. 2. reimp. São Paulo: Atlas, 2007. p. 487-488: BARROS, Alice Monteiro de. *Curso de direito do trabalho*. São Paulo: LTr, 2005. p. 900; GUNTHER. Luiz Eduardo; ZORNIG, Cristina Maria Navarro. Aviso-prévio na justiça do trabalho — parte I. *Revista de Direito Trabalhista*, ano 11, n. 10, p. 31, 31 de outubro de 2005; Aspectos essenciais sobre o aviso-prévio na Justiça do Trabalho. *Revista do TRT da 7ª Região*, ano XXVII, n. 27, Fortaleza, p. 41, jan./dez. 2004; GIMENEZ, lrevaldo Gutierres. *O aviso-prévio 110 direito do trabalho*. Cuiabá: UFMT, 1995. p. 77; RIBEIRO, Lélia Guimarães Carvalho. *Natureza jurídica do aviso-prévio*. São Paulo: LTr , 1995. p. 24; CABRAL, Adelmo de Almeida. *Aviso-prévio:* doutrina, legislação e jurisprudência. São Paulo: LTr, 1998. p. 32. SÜSSEKIND, Arnaldo; MARANHÃO, Délio; VIANNA, Segadas; TEIXEIRA, Lima. *Instituições de direito do trabalho*. 22. ed. atual. por Arnaldo Süssekind e João de Lima Teixeira Filho. São Paulo: LTr, 2005. p. 615. DELGADO, Mauricio Godinho. *Curso de direito do trabalho*. 4. ed. São Paulo: LTr, 2005. p. 1.173; ALMEIDA, Amador Paes de. *CLT Comentada:* legislação, doutrina, jurisprudência. São Paulo: Saraiva. 2003. p. 249.

(36) OJ-SDI1-84. AVISO PRÉVIO. PROPORCIONALIDADE (inserida em 28.4.1997).

A proporcionalidade do aviso-prévio, com base no tempo de serviço, depende da legislação regulamentadora, visto que o art. 7º, inc. XXI, da CF/1988 não é autoaplicável.

(37) José Afonso da Silva distingue as normas constitucionais em três categorias: a) Normas de eficácia plena, de aplicabilidade imediata, pronta para produzir todos os seus efeitos jurídicos; b) "norma de eficácia contida é aquela de aplicabilidade imediata e direta, não condicionada a uma normação posterior, mas que fica dependente dos limites que ulteriormente se lhe estabeleçam por meio de lei"; e c) Normas de eficácia limitada de "aplicabilidade indireta, mediata e reduzida, porque somente incidem. totalmente sobre esses interesses, após uma normatividade ulterior que lhes desenvolva a aplicabilidade".

> A proporcionalidade da duração do aviso-prévio ao tempo de serviço, mencionada no art. 7º, XXI, da Constituição, tem sido considerada pela jurisprudência regra jurídica sem eficácia imediata, enquanto não regulada pela lei. (DELGADO, 2006, p. 1111)

Infere-se que, quanto à interpretação do art. 7º, inciso XXI, da Constituição, doutrina e jurisprudência majoritárias se posicionavam de forma idêntica, entendendo-se autoaplicável o prazo de 30 dias e pendente de regulamentação a proporcionalidade ao tempo de serviço.

Sobre a situação de dependerem de regulação pela lei infraconstitucional vários direitos constitucionais assegurados, principalmente direitos sociais (porquanto acarretam custos para o Estado ou oneração da folha de pagamento), especialmente sobre direito individual e coletivo do trabalho, previdência, assistência e seguridade social, Arion Sayão Romita, citado por Gunther e Zornig, enfatizou:

> As normas constitucionais, neste setor, quando não meramente programáticas, raramente são dotadas de eficácia plena, isto é, aptas a imediata aplicação independentemente da intermediação do legislador ordinário, o que reduz consideravelmente sua importância prática. (GUNTHER; ZORNIG, 2004, p. 102)

Essa circunstância de haver previsão de um direito fundamental não exercitável devido à inércia dos poderes públicos indica a importância de expor neste trabalho situações como essas, encaradas pelo prisma da teoria da "constitucionalização simbólica", bem descrita por Marcelo Neves.

5.2.1. O aviso-prévio proporcional sob o prisma da *Teoria da Constitucionalização Simbólica*

A teoria da legislação simbólica merece uma breve explicação por ter-se constituído um dos pilares que fundamentam a alteração na forma de se interpretar e aplicar os dispositivos constitucionais garantidores de direitos individuais em situação análogas à do aviso-prévio proporcional ao tempo de serviço, que, apesar de ser um direito previsto no texto da constituição, por longos 22 anos permaneceu sem aplicação.

Quanto à falta de efetividade das normas jurídicas, especialmente constitucionais, Vargas aponta as possíveis causas:

> Quando se trata da efetividade de um direito constitucional, há de se entender as variadas objeções apresentadas pelo liberalismo, desde a negação do valor jurídico das normas constitucionais até a

> redução de sua efetividade a conteúdos mínimos ou bastante diluídos. Do mesmo modo, alguns autores apontam para a existência de direitos constitucionais meramente programáticos, negando que sejam verdadeiros direitos, mas meras recomendações ao legislador. Outros, por constatarem a judiciabilidade deficiente dos direitos sociais, se opõem a incluí-los como normas constitucionais, já que não representariam mais do que fonte de frustração e equívoco, pois os únicos direitos fundamentais que mereceriam esse nome seriam os individuais ligados à liberdade. Por fim, também há os que negam, na prática, a aplicabilidade direta dos direitos sociais trabalhistas previstos na Constituição. (VARGAS, 2011)

Diante desses fatos, a Teoria da Constitucionalização Simbólica explica que, em países com a democracia incipiente, muitas vezes o legislador utiliza-se das leis para aditar a solução de problemas sociais, por meio de compromissos dilatórios. Ou seja, o poder público cria as leis sem a preocupação de torná-las realmente efetivas, com intuito de adiar problemas políticos iminentes.

Diante dessa constatação, Marcelo Neves desenvolve a proposta de:

> [...] abordar o significado social e político de textos constitucionais, exatamente na relação inversa da sua concretização normativo-jurídica. Em outras palavras, a questão refere-se à discrepância entre a função hipertroficamente simbólica e a insuficiente concretização jurídica de diplomas constitucionais. O problema não se reduz, portanto, à discussão tradicional sobre ineficácia das normas constitucionais. Por um lado, pressupõe-se a distinção entre texto e norma constitucionais; por outro, procura-se analisar os efeitos sociais da legislação constitucional normativamente ineficaz. Nesse contexto, discute-se a função simbólica de textos constitucionais carentes de concretização normativo-jurídica. (NEVES *apud* LENZA, 2011, p. 153)

O referido autor complementa a explicação afirmando que a legislação simbólica "...aponta para o predomínio, ou mesmo hipertrofia, no que se refere ao sistema jurídico, da função simbólica da atividade legiferante e do seu produto, a lei, sobretudo em detrimento da função jurídico-instrumental" (NEVES *apud* LENZA, 2011, p. 153).

Essa ideia muito se assemelha ao que Max Weber[38] chamou de dominação legal ou burocrática. Cria-se um sistema jurídico normativo em que se procura dar respostas para todas as situações cotidianas nas leis, mesmo que na prática não se disponha de meios para efetivá-las.

---

(38) SABADELL, Ana Lúcia. *Manual de sociologia jurídica*: introdução a uma leitura externa do direito. 2. ed. São Paulo: Revista dos Tribunais, 2002.

Marcelo Neves demonstra que a Constitucionalização Simbólica manifesta-se de três formas: a) para confirmar valores sociais; b) para demonstrar a capacidade de ação do Estado (constitucionalização/álibi); e c) para adiar a solução de conflitos sociais por meio de compromissos dilatórios.

No primeiro caso, segundo o autor, o poder público se serve das leis para demonstrar a ideologia predominante naquele momento histórico. As normas são criadas como meio de confirmar e explicitar qual grupo social detém efetivamente o poder.

No segundo caso, criam-se leis, mesmo que não haja meios para torná-las efetivas, com o objetivo de demonstrar a eficiência do Estado na solução das questões que se apresentam.

No terceiro e último caso, as leis são criadas em resposta aos anseios da sociedade, mas, devido à falta de normatividade (capacidade de produção de efeitos), servem para adiar os compromissos sociais do Estado que dependem de atitude política para serem implementados.

De fato, a teoria da Constitucionalização Simbólica, por meio da explicitação dos mecanismos políticos de controle social, procura, em convergência com a ideologia propugnada pelo constitucionalismo moderno, dar maior efetividade às normas jurídicas.

Essa inferência se verifica no seguinte trecho:

> [...] a proposta de constitucionalização simbólica deve ser o ponto de partida para que, compreendendo a problemática, diante das expectativas colocadas, as normas não sirvam apenas como retórica política ou álibi dos governantes. Percebendo a necessidade de se identificar os mecanismos de sua concretização e, nisso, além do papel da sociedade, parece-nos que o Judiciário tem uma importante missão, realizando a implementação da efetividade das normas constitucionais. (LENZA, 2011, p. 164)

É oportuno ressaltar que o desenvolvimento dessa teoria foi um dos fatores que propulsionaram a mudança de posicionamento do Supremo Tribunal Federal, na forma de enfrentar as questões relativas à falta de efetividade dos comandos constitucionais, em situação equivalente à do aviso-prévio proporcional ao tempo de serviço, considerado como norma de eficácia contida — dependentes de lei regulamentadora ou da atuação política dos governantes —, levadas à sua apreciação.

Na teoria da legislação simbólica encontra-se também a explicação dos motivos pelos quais, durante tantos anos, a proporcionalidade do aviso-prévio ficou à míngua de regulamentação, mesmo sendo considerado um direito social inserido no mais alto texto normativo do Brasil que elegeu o trabalho como valor social do Estado Democrático de Direito (art. 1º, inciso IV).

Pelo exposto, pode-se inferir que a questão do aviso-prévio proporcional, sob o enfoque dessa teoria, pode ser visto como a dilação de compromisso assumido pelo constituinte.

De fato, houve a previsão da regra da proporcionalidade do aviso-prévio ao tempo de serviço no texto da Constituição. Todavia, ao delegar a tarefa de regulamentá-la ao legislador ordinário, fez de tal previsão "letra morta", até o dia em que o Supremo Tribunal Federal decidiu integrar a norma. Por fim, o Congresso Nacional resolveu criar a lei regulamentadora.

5.2.2. O aviso-prévio proporcional no Congresso Nacional e os Mandados de Injunção no Supremo Tribunal Federal

No período de ausência de norma regulamentadora do inciso XXI do art. 7º da Constituição (aviso-prévio proporcional ao tempo de serviço), tem-se que, nesse interstício, a CLT, considerada recepcionada[(39)] na maioria dos seus artigos, permaneceu com a incumbência de regulamentar o aviso--prévio.

No entanto, como visto, a CLT não tratava da proporcionalidade ao tempo de serviço e, portanto, não havia meios para o exercício de tal direito, o que dependia de regulamentação.

Para viabilizar o gozo e instrumentalizar o exercício desse direito, duas situações paralelas se formaram: no Congresso Nacional, tramitavam projetos de lei, e no Supremo Tribunal Federal, tramitavam Mandados de Injunção.

a) O aviso-prévio proporcional no Congresso Nacional

Do levantamento histórico cronológico feito pelo professor Joaquim Mentor (2012), de maneira sintética, verifica-se como ocorreram os trâmites da regulamentação do AP proporcional no Congresso Nacional, desde a Constituição de 1988 até a sanção da Lei n. 12.506/11:

- Em **27 de janeiro de 1988** — foi aprovada a emenda n. ES-26.792-2, proposta pelo constituinte José Maria Eymael, que forneceu a atual redação do art. 7º, XXI

(39) Ministro Gilmar Mendes: "Por isso se entende que aquelas normas anteriores à Constituição, que são com ela compatíveis no seu conteúdo, continuam em vigor. Diz-se que, nesse caso, opera o fenômeno da recepção, que corresponde a uma revalidação das normas que não desafiam, materialmente, a nova Constituição".

da CRFB: "aviso-prévio proporcional ao tempo de serviço, sendo no mínimo de trinta dias, nos termos da lei" (BRASIL, 2012).

- Em **11 de outubro de 1988** — o deputado Paulo Paim propôs o PL n. 1.014/88, que seria apensado ao PL n. 3.941/89 do senador Carlos Chiarelli, bem poucos dias após a promulgação da Constituição Federal, frise-se.

- Em **1989**, outros nove projetos de lei foram apresentados: (PL ns. 1.227/89, 1.554/89, 1.656/89, 2.215/89, 2.337/89, 2.465/89, 2.943/89, 3.275/89 e 3.403/89), todos posteriormente apensados ao PL n. 3.941/89.

- Em **11 de outubro de 2012**, o PL n. 3.941/89 foi aprovado e convertido na Lei n. 12.506/11.

Note-se que, entre a apresentação do Projeto de Lei original (PL n. 3.941/89) e a promulgação do texto aprovado, passaram-se mais de 22 anos, com quase dez projetos apensados ao original, sem contar alterações, emendas e adendos.

Tudo isso leva à conclusão de que houve tempo mais que suficiente para que se aprofundassem os debates, para que se verificassem as questões tortuosas e aquelas que eventualmente pudessem surgir, para definir critérios, amplitude e efeitos que a lei deveria produzir.

No entanto, ao contrário do que se poderia presumir, a Lei n. 12.506 foi redigida e aprovada às pressas, em outubro de 2011, apesar desse longo caminho percorrido entre a previsão constitucional até sua entrada em vigor. Ademais, aparentemente, tal fato só se deu em virtude das pressões políticas e conjunturais que sofria o Congresso Nacional naquele momento.

Isso porque a mencionada lei somente foi votada quando o Supremo Tribunal Federal, instado a manifestar-se sobre a mora legislativa, por meio de Mandados de Injunção, ao rever seu antigo posicionamento para alterá-lo, deu sinais de que regulamentaria, ou seja, na linguagem técnica, procederia à integração da norma.

b) Os Mandados de Injunção no Supremo Tribunal Federal

Vozes doutrinárias, como a de Jonathan Iovane Lemos, no artigo intitulado "Abordagem Constitucional do Aviso-prévio Proporcional", e a de Luiz Alberto de Vargas no artigo "A autoaplicabilidade da norma constitucional que prevê o aviso prévio proporcional", pugnavam pela aplicação imediata da norma constitucional que previa o aviso-prévio proporcional com base no princípio da máxima efetividade, independentemente de regulamentação legal.

O caminho tentado foi a utilização do Mandado de Injunção junto ao Supremo Tribunal Federal. Entretanto prevalecia a tese "não concretista" que em nada alterava o quadro fático no que diz respeito à possibilidade de exercício do direito à proporcionalidade.

Melhor explicando, o Mandado de Injunção, segundo definição da ministra Carmen Lúcia, "é ação constitucional de natureza mandamental, destinada a integrar a regra constitucional ressentida, em sua eficácia, pela ausência de norma que assegure a ela o vigor pleno" (LENZA, 2011, p. 378).

Para situações como a do aviso-prévio proporcional ao tempo de serviço, em que um direito subjetivo previsto na Constituição não é exercitável de pronto por depender de uma norma regulamentadora, há um "remédio constitucional" supridor dessa ausência normativa, qual seja, o Mandado de Injunção.

Ocorre que, inicialmente, a jurisprudência do Pretório Excelso, majoritariamente, adotava nos julgamentos dos mandados de injunção a "teoria não concretista" que privilegia ao extremo a clássica separação dos poderes em detrimento do ativismo judicial(40).

Entendia-se, naquela época, que a atividade de criação de normas jurídicas era exclusiva do poder legislativo. Assim, os ministros do Supremo, quando eram instados a se manifestar pela via do Mandado de Injunção, ao verificar a impossibilidade do exercício de um direito subjetivo constitucionalmente assegurado em virtude da ausência de norma regulamentadora, proferiam a decisão. Se julgassem a ação procedente, comunicavam ao Congresso Nacional a mora, para que o Congresso a suprisse(41).

De fato, as decisões procedentes proferidas nos Mandados de Injunção, na época em que se adotava a "tese não concretista", não tinham nenhum

---

(40) A ideia de ativismo judicial, segundo Barroso, está associada a uma participação mais ampla e intensa do Judiciário na concretização dos valores e fins constitucionais, com maior interferência no espaço de atuação dos outros dois Poderes. A postura ativista se manifesta por meio de diferentes condutas, que incluem: (i) a aplicação direta da Constituição a situações não expressamente contempladas em seu texto e independentemente de manifestação do legislador ordinário; (ii) a declaração de inconstitucionalidade de atos normativos emanados do legislador, com base em critérios menos rígidos que os de patente e ostensiva violação da Constituição; (iii) a imposição de condutas ou de abstenções ao Poder Público, notadamente em matéria de políticas públicas.

(41) "Mandado de injunção: ausência de regulamentação do direito ao aviso-prévio proporcional previsto no art. 7º, XXI, da Constituição da República. Mora legislativa: critério objetivo de sua verificação: procedência para declarar a mora e comunicar a decisão ao Congresso Nacional para que a supra." (MI n. 695, rel. min. Sepúlveda Pertence, julgamento em 1º.3.2007, Plenário, DJ de 20.4.2007.) "Mandado de injunção. Art. 7º, XXI da Constituição. Aviso-prévio proporcional ao tempo de serviço. Situação de mora do legislador ordinário na atividade de regulamentar o aviso-prévio, como previsto no art. 7º, XXI, da Constituição. Falta de perspectiva de qualquer benefício ao peticionário, visto que dispensado em perfeita sintonia com o direito positivo da época — circunstância impeditiva de desdobramentos, no caso concreto, em favor do impetrante. Mandado de injunção parcialmente deferido, com o reconhecimento da mora do Congresso Nacional." (MI n. 369, rel. p/ o ac. min. Francisco Rezek, julgamento em 19.8.1992, Plenário, DJ de 26.2.1993)

efeito prático além da simples comunicação ao congresso, sem a mínima força coercitiva em razão da pétrea tripartição dos poderes.

Joaquim Mentor (2011) fez o levantamento dos Mandados de Injunção que tramitavam no STF, sob a égide da tese não concretista:

- Em fevereiro de 1991 (MI n. 369), impetrado pelo advogado Neisser Cardoso Minervino;
- Em dezembro de 2003 (MI n. 695), impetrado por Isaac Ribeiro Silva (MI n. 695);
- Em 2007, o último desses mandados de injunção foi julgado.

Com o passar do tempo, a Corte Constitucional começou a ser instada a se manifestar em várias ações como essas, em que direitos fundamentais eram violados ou se tornavam sem efetividade devido à inércia dos poderes instituídos. Ao lado disso, disseminaram-se, no meio jurídico, as ideias debatidas na "Teoria da Constituição Simbólica".

Houve uma alteração da postura do jurista frente aos direitos sociais, como se pode inferir da seguinte passagem do texto de Vargas:

> [...] a primeira dificuldade a ser enfrentada é a de base axiológica: a valoração do direito social como um direito humano fundamental. De acordo com a Teoria Crítica dos Direitos Humanos (HERRERA FLORES, 2009, p. 61-5), estes são um produto da luta coletiva concreta de determinada coletividade em determinado período histórico, ou seja, produtos culturais, não sendo o papel do jurista indiferente no resultado de tais processos. A luta pelos direitos humanos integra o processo pelo qual cada formação social, cultural e historicamente, constrói seu caminho para a dignidade. Assim, do jurista o que se espera é a atitude de compromisso com a construção de atitudes e aptidões que permitam levar adiante tais lutas por espaços mais amplos de dignidade. (VARGAS, 2011)

Nesse panorama, antes que se instaurasse uma crise de legitimidade nos processos democráticos em virtude do total descrédito do jurisdicionado nas instituições públicas, o STF começou a vislumbrar mecanismos de concretização e implementação da efetividade das normas constitucionais.

Iniciou-se uma nova perspectiva na utilização das técnicas do mandado de injunção e da ação direta de inconstitucionalidade por omissão (em relação às normas programáticas) e, assim, a consagração da importante figura do ativismo judicial (LENZA, 2012).

A jurisprudência da Corte passou a adotar a posição concretista nos Mandados de Injunção que visa, efetivamente, à concretização do direito, até que seja suprida a omissão legislativa.

Pode ser citado como acórdão paradigma desse novo entendimento o proferido nos autos do MI n. 721, no qual a Corte fixou o caráter mandamental e não apenas declaratório do Mandado de Injunção.

Como noticia Joaquim Mentor (2012), o "Supremo Tribunal Federal julgou parcialmente procedente a injunção para reconhecer o direito de servidora pública à aposentadoria especial, determinando, em face da inexistência da lei requerida na Constituição Federal, que se aplicasse a regra do regime geral da Previdência Social".

O Supremo Tribunal Federal, segundo Lenza (2012), com esse novo entendimento, passou a dispor de dois remédios para combater a "síndrome de inefetividade" das normas constitucionais de eficácia limitada: a ADO, utilizada como instrumento para fazer um apelo ao legislador, constituindo-o em mora, e o MI, como importante instrumento de concretização dos direitos fundamentais, dando, assim, um exato sentido ao art. 5º, § 1º, que fala em aplicação imediata.

A ementa a seguir bem retrata a nova posição do STF com relação ao Mandado de Injunção:

> "EMENTA: Mandado de Injunção. Natureza. Conforme disposto no inciso LXXI do art. 5º da Constituição Federal, conceder-se-á Mandado de Injunção quando necessário ao exercício dos direitos e liberdades constitucionais e das prerrogativas inerentes à nacionalidade, à soberania e à cidadania. Há ação mandamental e não simplesmente declaratória de omissão. A carga de declaração não é objeto da impetração, mas premissa da ordem a ser formalizada. Mandado de Injunção. Decisão. Balizas. Tratando-se de processo subjetivo, a decisão possui eficácia considerada a relação jurídica nele revelada. Aposentadoria. Trabalho em condições especiais. Prejuízo à saúde do servidor. Inexistência de lei complementar. Art. 40, § 4º, da Constituição Federal. Inexistente a disciplina específica da aposentadoria especial do servidor, impõe-se a adoção, via pronunciamento judicial, daquela própria aos trabalhadores em geral — art. 57, § 1º, da Lei n. 8.213/91." (MI 758, rel. min. Marco Aurélio, j. 1º.7.2008, Plenário, DJE) (LENZA, 2011, p. 378)

Diante dessa nova perspectiva jurisprudencial, em que o Supremo passou a privilegiar a máxima efetividade das normas constitucionais, e ante a falta de regulamentação do inciso XXI do art. 7º da CF, foram impetrados os Mandados de Injunção ns. 943, 1.010, 1.074 e 1.090, todos julgados procedentes em 22 de junho de 2011.

Os ministros, contudo, naquele momento, não chegaram a um consenso quanto à forma da proporcionalidade, suspendendo o processo.

Para melhor compreensão de como se deu o julgamento das referidas injunções, vale consultar o Informativo n. 632 do Supremo Tribunal Federal, do qual extraem-se as informações que se seguem.

Iniciado o julgamento dos mandados de injunção em que se alegava a mora legislativa, ante a ausência de regulamentação do art. 7º, XXI, da CF, relativamente ao aviso-prévio proporcional ao tempo de serviço, constatou-se que, naquele caso, trabalhadores despedidos, após trabalharem no mesmo emprego mais de uma década, receberam do empregador o equivalente a um salário mínimo a título de aviso-prévio[42].

O relator ministro Gilmar Mendes, ao reconhecer a inércia do legislador, recompôs a evolução do Supremo quanto às decisões proferidas em sede de Mandado de Injunção: "da simples comunicação da mora à solução normativa e concretizadora", julgou procedente o pedido[43].

No mesmo julgamento, o ministro Carlos Velloso, em voto vencido, construiu uma solução provisória fixando-o em "10 dias por ano de serviço ou fração superior a 6 meses, observado o mínimo de 30 dias"[44].

O relator do caso, ministro Gilmar Mendes, outrossim, alertou para o fato de que essa equação também poderia ser objeto de questionamento judicial, "porquanto careceria de amparo fático ou técnico, uma vez que a Constituição conferira ao Poder Legislativo a legitimidade democrática para resolver a lacuna"[45].

Ao apreciar o caso, o ministro Luiz Fux fez remissão ao art. 8º da CLT, que admite, como método de heterointegração, o direito comparado. Assim, usou como exemplos as legislações da Alemanha, Dinamarca, Itália, Suíça, Bélgica, Argentina e outras. No prosseguimento da análise, o ministro Fux fez remissão à Recomendação, convertida na Convenção n. 158 da Organização Internacional do Trabalho (OIT) sobre a extinção da relação trabalhista[46].

O ministro Marco Aurélio, por seu turno, sobrelevou a importância de se criar um critério que observasse a proporcionalidade exigida pelo texto constitucional e propôs que se cogitasse, assim como o fez também o ministro Carlos Veloso, "de um aviso-prévio de 10 dias — respeitado o piso de 30 dias — por ano de serviço transcorrido"[47].

---

(42) Conforme notícia publicada no sítio do Supremo Tribunal Federal. Disponível em: <http://www.stf.jus.br/portal/cms/verNoticiaDetalhe.asp?idConteudo=182667&caixaBusca=N>. Acesso em: 22.10.2012.

(43) *Idem.*

(44) *Idem.*

(45) *Idem.*

(46) *Idem.*

(47) *Idem.*

O ministro Cezar Peluso propôs que o aviso-prévio fosse estipulado em um salário mínimo a cada cinco anos de serviço(48).

Por sua vez, o ministro Ricardo Lewandowski sugeriu a consulta aos Projetos de Lei em tramitação no Congresso Nacional, como referencial para estipulação da regra(49).

Ao realizar o exame final do quadro que se instaurou, o ministro relator Gilmar Mendes "acentuou a existência de consenso da Corte quanto ao provimento do *writ*", ressaltando a necessidade de uma decisão para o caso concreto, cujos efeitos, "inevitavelmente, se projetariam para além da hipótese sob apreciação". Salientou que "a mudança jurisprudencial referente ao mandado de injunção não poderia retroceder", e, ao verificar a diversidade de parâmetros sugeridos pelos ministros para o deslinde da controvérsia, indicou a suspensão do julgamento, que deveria prosseguir para a explicitação do dispositivo final (Informativo n. 632, 2011, Supremo Tribunal Federal).

Do cotejo das propostas apresentadas por cada um dos ministros, percebe-se que havia realmente uma diversidade de critérios, fato que justificava a suspensão do processo.

É importante notar que, apesar da falta de consenso, a maioria das proposições levou à conta o aspecto social do aviso-prévio. Mais importante ainda é notar que as asserções com critérios palatáveis de aplicação imediata, como aquelas assumidas pelos ministros Carlos Velloso e Marco Aurélio, apresentaram parâmetros mais favoráveis do que aquele que futuramente foi estipulado pela lei regulamentadora.

c) Considerações sobre aprovação da Lei n. 12.506, que regulamentou a proporcionalidade do aviso-prévio, em 11 de outubro de 2011

Quando o Supremo Tribunal Federal deu sinais de que iria elaborar um critério para a aplicação da proporcionalidade ao tempo de serviço no aviso-prévio, com efeitos concretos que se expandiriam *erga omnes,* e suprir a omissão legislativa que se alongava por mais de 22 anos, o Congresso Nacional, em menos de quatro meses, aprovou o PL n. 3.941/89, transformando-o na Lei n. 12.506/11.

Em razão dos fatos relatados neste capítulo, que circunscreveram a votação e a aprovação da referida lei, grande parte da comunidade jurídica manifestou sua irresignação. Entre todos, Jorge Cavalcante:

---

(48) Conforme notícia publicada no sítio do Supremo Tribunal Federal. Disponível em: <http://www.stf.jus.br/portal/cms/verNoticiaDetalhe.asp?idConteudo=182667&caixaBusca=N>. Acesso em: 22.10.2012.
(49) *Idem.*

> É absolutamente surpreendente e digno das mais severas críticas que um projeto de lei com apenas dois artigos demore tanto tempo para ser votado por uma casa legislativa. Mais surpreendente ainda é que o tema só tenha entrado em pauta de votações da Câmara após pressão do Judiciário que, cansado de declarar o Congresso Nacional em mora sem que nenhuma providência fosse tomada, ameaçou legislar no lugar do Congresso. (BOUCINHAS, 2012)

O que mais provocou indignação na comunidade jurídica, entretanto, não foi o fato de a lei ter só dois artigos, nem tampouco de não ter tratado de todos os pontos tortuosos como deveria — reconhece-se que esses fatores fazem parte do processo democrático.

De fato, o que acarretou maior irresignação foi constatar que a aprovação da lei, às pressas, pelos congressistas deu-se para atender ao *lobby* do empresariado, que se sentia ameaçado com a possível regulamentação pelo Supremo. Portanto, não objetivou atender, como deveria ser, aos ideais de justiça social e à promoção de condições objetivas de desenvolvimento humano, fundamentos do Estado Democrático de Direito implementado pela Constituição de 1988.

Essa inferência pode ser feita por meio da leitura do trecho a seguir, retirado do artigo de Jorge Cavalcante que, para não perder a fidelidade do texto, transcreve-se na íntegra:

> A decisão assustou o empresariado. Em resposta, as confederações nacionais da indústria (CNI), dos bancos (Consif), do comércio (CNC), da agricultura (CNA) e dos transportes fecharam uma posição conjunta com relação ao aviso prévio e a defenderam junto ao Supremo Tribunal Federal.
>
> No documento entregue, foram apresentados pedidos para que a exigência de aviso-prévio proporcional não fosse estendida às micro e às pequenas empresas, para que fosse excluído do cálculo do aviso -prévio os períodos de afastamento prolongado, para que se evitasse que o período de pré-aviso fosse computado como tempo de serviço do empregado e para que o STF levasse em conta experiências de outros países para evitar que o aviso-prévio levasse a demissões e redução de contratação.
>
> O principal pedido, naturalmente, foi para que a decisão que vai ampliar os 30 dias do benefício não fosse retroativa. Ou seja, para que quando o STF aumentasse o prazo, como já havia decidido que o faria, o Tribunal não determinasse o pagamento de dias adicionais aos 30 para os trabalhadores que já foram demitidos. Em outras palavras, o pedido era para que o aviso-prévio proporcional só valesse

para os trabalhadores demitidos após a publicação da decisão no STF e no *Diário da Justiça.*

> A imprensa noticiou que a votação do projeto que aumentou para até 90 dias o tempo do aviso-prévio foi negociada entre o presidente da Câmara, Marco Maia (PT-RS), e os ministros do Supremo Tribunal Federal no início de setembro. Na reunião realizada entre o deputado Marco Maia e os integrantes do tribunal, estes alertaram que o julgamento sobre o assunto poderia ser retomado em outubro e orientaram o parlamentar a tentar a votação do tema antes que isso ocorresse. Teriam ainda afirmado que, depois de uma decisão do tribunal definindo os critérios de proporcionalidade do aviso-prévio, ficaria difícil para a Câmara regulamentar o tema de forma diversa. Teriam ainda argumentado que o Supremo, quando declarou a omissão inconstitucional do congresso sobre o tema, ajudou a "desobstruir" as negociações, paralisadas há anos por interesses dos empregadores. (BOUCINHAS, 2011)

A análise sociológica dos fatores político-conjunturais, descritos neste capítulo, ou seja, a) a incorporação do aviso-prévio no texto da Constituição acrescendo a regra da proporcionalidade; b) a constatação da inoperabilidade de tal regra por tão longos anos; c) a verificação da forma como foi implementada a lei; tudo isso revela traços marcantes da democracia no país.

Fatos como esses sugerem que se vive, no Brasil, sob a égide de uma "legislação e um constitucionalismo simbólico", em que leis são criadas para atender aos interesses dos grupos dominantes, mais como artifício político do que para atingir, efetivamente, os objetivos nelas propostos ou os valores constitucionais.

Diante desse quadro, percebe-se que os avanços sociais, na ordem política, só ocorrem de maneira paulatina e quando há cedência do Capital ou ameaça às bases da classe dominante.

O Direito do Trabalho e o valor social do trabalho são alvos de constantes achaques, e os detentores dos meios de produção e de poder político procuram, de todo modo, desconstituí-los, quando, ao contrário, a lógica deve ser de valorização do Direito do Trabalho aliada à política pública de crescimento econômico. Tem-se como exemplos recentes as leis que regulamentaram a profissão de motorista rodoviário, as cooperativas de trabalho e a proporcionalidade do aviso-prévio ao tempo de serviço.

Faz-se necessária uma política pública com visão intersetorial e transversal que incentive a geração de emprego, vinculada principalmente ao crescimento do mercado formal de trabalho, com vistas não apenas à ocupação dos brasileiros, mas também à qualidade dessa ocupação.

Nesse aspecto, as políticas estatais podem servir como instrumento de indução a um determinado comportamento, ou seja, a geração de postos de trabalho no mercado formal (com carteira assinada).

Reduzir os níveis de desemprego depende de políticas públicas voltadas para o mercado de trabalho combinadas com o aumento do nível de produção interno, sendo que este último acaba sendo estimulado pelo aumento da demanda gerada em virtude da ocupação resultante das políticas públicas eficazes (que atuam nas duas vertentes: aumento do nível de ocupação e estímulo ao crescimento produtivo), gerando, assim, um círculo virtuoso de desenvolvimento.

Sob esse prisma, parte-se da premissa de que "devemos gerar emprego para crescer e não crescer para gerar emprego" (IGNACY SACHS). Dessa forma, faz-se importante relegar a um segundo plano a livre demanda por ocupação na relação entre *performance* econômica e emprego, como única hipótese (de matriz neoliberalista) de expansão do mercado de trabalho, uma vez que a demanda por novos postos depende da quantidade produzida.

De acordo com essa hipótese, o crescimento econômico por si só seria capaz de aumentar a oferta de trabalho. Entretanto a realidade se faz distinta quando o mero crescimento da economia não é capaz de trazer consigo o desenvolvimento econômico esperado (diminuição da pobreza e redução da desigualdade social), que se faz em grande parte pela ocupação — com qualidade – das pessoas.

Nesse momento histórico, emerge através dos mercados este tratamento mercantil do trabalho. Em contrapartida, já se tornam visíveis reações da sociedade e da própria economia contra esse modelo. Cabe agora aos Estados definir quais políticas públicas seguir, mas espera-se que não haja retrocesso e que se caminhe na direção da efetivação dos direitos humanos universais consagrados.

No Brasil, a reação do Estado a esses ataques geralmente é encontrada no seio do poder judiciário e da Justiça do Trabalho, que, essencialmente, defendem e promovem a cidadania e a justiça social, uma vez que os outros poderes instituídos nem sempre levam a cabo essa tarefa.

Com isso, evidencia-se a necessidade da busca constante de interpretações das normas de proteção ao trabalho e ao emprego que sejam, ao máximo, coerentes com as diretrizes constitucionais de promoção da dignidade humana e valorização do trabalho, sempre antenadas ao disposto no art. 8º da CLT, porque "nenhum interesse de classe ou particular pode prevalecer sobre o interesse público" (BRASIL, CLT, 2012, DJI).

Todos esses fatores levantados até aqui devem ser levados em consideração na análise, na interpretação e na aplicação da Lei n. 12.506/11, que tornou viável o exercício do direito à contagem proporcional ao tempo de serviço do aviso-prévio.

Passa-se, então, ao estudo da mencionada lei e à análise das interpretações doutrinárias propostas para que se verifiquem aquelas que mais se adequem aos comandos da Constituição, de acordo com o principal objetivo deste trabalho.

6. O Aviso-Prévio Proporcional ao Tempo de Serviço e a Interpretação e Aplicação da Lei n. 12.506, de 11 de outubro de 2011

Muitas vezes, repetiu-se ao longo desta dissertação que a principal e essencial função do aviso-prévio é evitar que as partes contratantes sejam colhidas pela surpresa das rescisões abruptas, concedendo-lhes o tempo necessário para se restabelecerem.

Partindo dessa premissa, Hirosê Pimpão, com base nas lições de Lodovico Barassi e de Peretti-Griva[50], afirmou que:

> [...] a duração do aviso-prévio, em nosso direito positivo, devia estar subordinada à realização do fim por que ele foi dado. Isto é, devia durar para o empregado enquanto ele não conseguisse outro emprego, e para o empregador, enquanto ele não conseguisse outro empregado para substituir o demissionário. (PIMPÃO, 1958, p. 91)

Como resultante do choque do ideal com o possível, e talvez pelas dificuldades práticas de se implementar tais medidas, a maior parte dos ordenamentos entendeu melhor definir o tempo por ficção jurídica.

Sob a óptica civilista contratual em que as partes eram tidas como iguais em direitos e obrigações, o instituto era aplicado de forma recíproca e idêntica para ambos os contratantes. Entendiam-se idênticas as dificuldades que os contratantes atravessariam no fim do contrato.

---

(50) "La durata dei periodo di preavviso a tutto rigore dovrebbe essere quella necessaria perche il preavviso possa rispondere alio scopo a cui deve ser — vira, quindi, per il datore, tutto il tempo necessario perchè possa trovare altri lavoratori." E: "La fissazione dei termine per la disdetta doveva logicamente farsi in base dei tempo presumibilmente necessario al Eimpiegato per trovarsi un'altra occupazione".

Nessa perspectiva, para estabelecer o prazo do aviso-prévio, imaginava-se o tempo razoável para os pactuantes se recomporem e, por ficção jurídica, o fixava.

Superada essa visão, e com a "nova concepção", reconheceu-se a necessidade de se aplicar o instituto com base nos conceitos de igualdade material e não meramente formal.

Sob esse novo paradigma, e diante da realidade fática, percebeu-se que, para o empregado, trabalhador, o tempo do aviso deveria ser muito mais alongado do que para o empregador.

E não somente em virtude da hipossuficiência do operário frente ao capital, mas, principalmente, pelo reconhecimento de que, na prática, é muito mais difícil para o empregado encontrar nova colocação do que para o empregador substituí-lo.

A respeito dos problemas que podem advir da demissão, especialmente quando feita de forma abrupta, sensível à realidade, ressaltou Hirosê Pimpão:

> De parte do trabalhador o rompimento repentino dos vínculos contratuais traz como efeito o imediato desemprego, que é um dos problemas mais cruciantes do Estado moderno. O desemprego, por sua vez, acarreta as misérias a que estão sujeitas as classes operárias, que não dispõem, geralmente, de reservas econômicas, provocando, dessa forma, nesse ambiente, explosões de ódio contra o Capital. A fome que assaltará, de um momento para outro, o lar proletário, quando o operário está desempregado, dá como resultado a revolta, a doença, o depauperamento de mulheres e de crianças, e até a mendicância. Todos esses fatos constituem, na atualidade, problemas que atraem preocupada e absorventemente a vigilância atenta de parte do Estado. Muitos meios têm sido empregados com o fito de eliminar esses males sociais. Dentre esses meios, um de importância sem dúvida expressiva é o aviso-prévio, por seu caráter preventivo. (PIMPÃO, 1958, p. 129)

Diante desses fatos, constatou-se a imprescindibilidade de se criar um sistema de proteção ao emprego.

Alguns países ratificaram a Convenção n. 158 da Organização Internacional do Trabalho e, com isso, a estabilidade e (ou) a garantia de emprego que efetivamente asseguram maior proteção ao empregado.

Ao lado dessa medida, ampliaram o prazo do aviso-prévio em favor do empregado e criaram a regra da proporcionalidade.

Hirosê Pimpão noticia que o Bureau Internacional de Trabalho, de 31 de outubro de 1919, do Grão-Ducado de Luxemburgo, no seu art. 21, reza que:

> [...] quando é o empregador quem rescinde, o pré-aviso é: de 2 meses se o empregado se acha em serviço a menos de 5 anos; de 4 meses se o empregado se encontra em serviço de 5 a 10 anos; e de 6 meses se estiver a seu serviço há mais de 10 anos (cf. *Revue Internationale du Travali*, p. 858, jui. 1937) (PIMPÃO, 1958, p. 130)

De fato, alguns ordenamentos jurídicos, na atualidade, seguiram a orientação acima e, reconhecendo a hipossuficiência do empregado, entendendo ser esse merecedor de maior proteção no momento da resilição, estabeleceram prazo maior para o aviso-prévio na demissão, ou seja, quando a resilição parte do empregador.

Portugal, Itália, Alemanha, Espanha, Suíça, Bélgica Suécia, Argentina, Paraguai, Reino Unido, Polônia, Hungria, Nigéria, Namíbia, Malásia e Luxemburgo são exemplos de países que consideram a proporcionalidade do aviso-prévio ao tempo de serviço, conforme revela a pesquisa realizada por Walter Wiliam (2012).

A República Tcheca considera a proporcionalidade do aviso-prévio quanto à idade do empregado. Bulgária e Benin consideram a proporcionalidade do aviso-prévio quanto à qualificação do empregado, Código do Trabalho de 1988, e estabelece um mês para o trabalhador manual e três meses para o trabalhador intelectual, consoante relata, exemplificativamente, o mesmo autor.

Milton Vasques Thibau (2012), citando Süssekind, sintetiza a aplicação do aviso-prévio no direito comparado:

> Arnaldo Süssekind aponta, no direito comparado (conforme dados do início da década de 1980), algumas metodologias de fixação da proporcionalidade do aviso-prévio, em caso de término da relação de emprego por iniciativa do empregador:
>
> a) nos países da *Common Law,* não havendo acordo entre as partes, cabe ao juiz determinar um prazo razoável, "segundo as circunstâncias do caso";
>
> b) na República Federal da Alemanha e na Dinamarca, 3 (três) meses para os operários e 6 (seis) meses para os empregados da administração da empresa;
>
> c) na Itália, até 4 (quatro) meses, conforme a categoria do trabalhador;

d) no Luxemburgo, 12 (doze) semanas para os operários e 6 (seis) meses para o pessoal da administração;

e) na Bélgica, 52 (cinquenta e dois) dias para os operários;

f) na Suíça, 3 (três) meses quando o empregado atinge 10 (dez) anos de serviço;

e) na Argentina, 2 (dois) meses para os trabalhadores com 5 (cinco) a 10 (dez) anos de casa;

f) na Checoslováquia e na Suécia são adotados dois fatores: o tempo de serviço e a idade do trabalhador. (SÜSSEKIND *apud* ALMEIDA, 2012)

No Brasil, a Convenção 158 foi ratificada, mas, antes mesmo que se pudesse produzir algum efeito prático, foi denunciada. Paralelamente, sucedeu-se a extinção da estabilidade decenal e, como forma de compensação, a Constituição de 1988, conforme verificado no capítulo 5, criou um sistema de proteção ao emprego, composto com a indenização compensatória diante da despedida arbitrária ou sem justa causa (inciso I), o Fundo de Garantia do Tempo de Serviço (inciso III) e o aviso-prévio proporcional ao tempo de serviço (inciso XXI).

Nesse contexto, previu-se a regra da proporcionalidade do aviso-prévio ao tempo de serviço, regulamentada pela Lei n. 12.506/11, conforme será visto no tópico seguinte.

6.1. *Aviso-prévio proporcional ao tempo de serviço no Brasil na vigência da Lei n. 12.506, de 11 de outubro de 2011*

Nas palavras de Amauri Mascaro e Túlio de Oliveira (2012), o aviso-prévio proporcional ao tempo de serviço é

> [...] o direito à contagem do tempo de serviço de um empregado no serviço em um emprego, para o fim de determinar o número de dias que o empregador, quando despedir sem justa causa, terá que pré-avisar ou pagar a esse título seu empregado. (NASCIMENTO; MASSONI, 2012, p. 7)

Para melhor desvelar o significado da "proporcionalidade", Guilherme Ludwig (2012) recorre ao *Dicionário Houaiss da Língua Portuguesa* e revela que a expressão representa, "em termos matemáticos, o atributo 'da variável cuja razão com outra é uma constante'". Sequencialmente atesta que "está perfeitamente ajustada ao quanto disciplinado pela Constituição, que trata simplesmente de duas variáveis temporais: o prazo do aviso e o tempo de serviço do empregado".

Feita essa análise, o referido autor apresenta a seguinte fórmula: "se a variável 'Pa' (prazo de aviso) é proporcional à variável 'Ts' (tempo de serviço do empregado), então a razão 'Pa/Ts' será igual à constante 'C'" (LUDWIG, 2012, p. 67).

Conclui seu raciocínio asseverando que o constituinte estabeleceu o parâmetro supracitado e deixou a cargo do legislador ordinário a fixação da constante.

Vinte e dois anos após a promulgação da Constituição, o legislador ordinário se desincumbiu de sua tarefa e regulamentou a regra da proporcionalidade nos seguintes termos:

> LEI N. 12.506, DE 11 DE OUTUBRO DE 2011.
>
> Dispõe sobre o aviso-prévio e dá outras providências.
>
> A PRESIDENTA DA REPÚBLICA
>
> Faço saber que o Congresso Nacional decreta e eu sanciono a seguinte Lei:
>
> Art. 1º O aviso-prévio, de que trata o Capítulo VI do Título IV da Consolidação das Leis do Trabalho CLT, aprovada pelo Decreto-Lei n. 5.452, de 1º de maio de 1943, será concedido na proporção de 30 (trinta) dias aos empregados que contem até 1 (um) ano de serviço na mesma empresa.
>
> Parágrafo único. Ao aviso-prévio previsto neste artigo serão acrescidos 3 (três) dias por ano de serviço prestado na mesma empresa, até o máximo de 60 (sessenta) dias, perfazendo um total de até 90 (noventa) dias.
>
> Art. 2º Esta Lei entra em vigor na data de sua publicação.
>
> Brasília, 11 de outubro de 2011; 190º da Independência e 123º da República. (BRASIL, 2012)

Diante da simplicidade da redação do dispositivo acima transcrito e de sua leitura em cotejo com o estudo do aviso-prévio feito no presente trabalho, já se pode antever que a lei em comento não foi capaz de indicar soluções para os problemas que poderiam advir da sua aplicação.

É certo que, com o advento da Lei n. 12.506, de 11 de outubro de 2011, que regulamentou a proporcionalidade, o aviso-prévio — que sempre teve como principal função manter o equilíbrio[51] entre empregado e empregador quando do término da relação de emprego, e que foi incorporado pela Constituição de 1988 como parte de um sistema de proteção ao emprego — passou a ser gerador de instabilidade.

A legitimidade das leis depende do seu reconhecimento e de sua aceitação por aqueles que serão por ela regidos, como afirmou Jürgen Habermas, citado por Rosemiro (2008), sendo esse um conceito fundamental que decorre do princípio democrático. A insegurança jurídica e a instabilidade nas relações sociais causada pela falta de clareza da lei podem, assim, comprometer sua legitimidade.

Não que se esteja afirmando, com isso, que a legitimidade das leis dependa de uma interpretação uníssona, nem tampouco que o fato de não haver consenso doutrinário seja o causador de instabilidades.

Reconhece-se que os debates doutrinários fazem parte do processo democrático e da evolução do Direito.

O problema que a doutrina vem apontando, entretanto, é outro. A lei deixou em aberto alguns espaços para interpretação onde deveria ter sido mais específica ou taxativa, e isso abalou a segurança jurídica.

É o que se infere do posicionamento dos doutrinadores que veremos a seguir:

> Jorge Cavalcanti (2011) assim se expressou: "Abstraindo-se as questões de ordem político-econômica antes mencionadas, há que se reconhecer que a norma em questão deixou diversas dúvidas e controvérsias acerca das implicações jurídicas das novas regras".

Já Estêvão Mallet, apontando algumas questões tortuosas que se levantaram, afirmou que:

> A entrada em vigor da Lei n. 12.506, voltada a regulamentar a proporcionalidade do aviso-prévio, suscitou várias controvérsias, como, entre outras, sua aplicação em detrimento do empregado demissionário, a possibilidade de consideração de fração de período de um ano, para acréscimo do aviso, e o momento a partir do qual se adicionam os primeiros três dias. (MALLET, 2011, p. 1312)

(51) Ressalte-se que na concepção contemporânea do aviso-prévio não mais se considera a igualdade formal entre as partes no contrato de trabalho, mas sim a material. Com isso, quer se dizer que a manutenção do equilíbrio entre empregado e empregador no momento da ruptura do contrato de trabalho não significa tratamento igual; ao contrário disso, o Direito do Trabalho é inspirado pelo princípio da proteção que determina tratamento desigual para corrigir o desnível fático. Assim, o Direito Constitucional do Trabalho criou um sistema de proteção ao trabalhador no momento da cessação do vínculo. Essas ideias serão trabalhadas com mais vagar no correr do texto.

Mais incisivos, Carlos Augusto M. de O. Monteiro e André Cremonesi teceram severa crítica à redação da lei da seguinte forma:

> Pelo tempo da demora em regulamentar tal direito, imagina-se que o legislador tomou o cuidado de prever todas as possíveis discussões sobre o tema. Ledo engano!!!
>
> Limitou-se o legislador a editar uma norma lacunosa e mal redigida, o que ensejará intermináveis discussões em nossos Tribunais Trabalhistas. (MONTEIRO; CREMONESI, 2011, p. 643)

Irany Ferrari e Melchíades Martins afirmaram que "devido à timidez da Lei, inúmeras situações que envolvem o Aviso-prévio Proporcional ao Tempo de Serviço ficarão ao encargo da doutrina e jurisprudência" (FERRARI; MARTINS, 2011, p. 1303).

Verifica-se que os autores citados são incisivos em afirmar que a redação da lei dá margem a interpretações dissonantes e, até que o judiciário se pronuncie definitivamente sobre cada um dos pontos duvidosos, não haverá um caminho único a seguir. Dessa situação decorre a insegurança para as partes.

A falta de uma definição jurisprudencial e de norte interpretativo revela outra face do problema. A lei em comento aplica-se a situações de ordem eminentemente práticas, influenciando diretamente no cálculo dos valores devidos aos trabalhadores e nas provisões de gastos das empresas nas rescisões trabalhistas.

Diante dessa indefinição, os empregados ficam com a sensação de que estão tendo seus direitos lesados e que estão recebendo menos do que deveriam na rescisão, posição corroborada pelos sindicatos obreiros.

De idêntica forma, mas em sentido oposto, os empregadores sentem que pagam mais do que deveriam e, como era de se esperar, reclamam dos altos encargos ou do Custo Brasil, ao qual atribuem a culpa da dificuldade do desenvolvimento econômico.

Para se ter ideia da dimensão do problema, em uma reportagem de Nielmar de Oliveira publicada pela Agência Brasil — Empresa Brasil de Comunicação (EBC) —, em 22 de setembro de 2011, segundo Luciana Sá, a Firjan fez uma estimativa sobre o aumento do custo das empresas com o pagamento do aviso-prévio a partir da decisão da Câmara. "O custo do aviso-prévio pode aumentar em até 21%, o que significa uma elevação, em valores de 2010, no ônus real das demissões equivalente a R$ 1,9 bilhão ao ano" (EBC, 2011).

Verifica-se, então, que a falta de clareza sobre alguns aspectos da sua aplicação pode causar prejuízos ou desajustes financeiros de grande monta tanto para o empregado quanto para o empregador na terminação dos contratos.

O fato de não haver ainda uma definição e prevalecer muitas controvérsias doutrinárias e jurisprudenciais acerca da intepretação da mencionada lei, em diversos pontos, tem causado insegurança.

Diante disso, Guilherme Ludwig ressalta que:

> A extrema concisão deste texto legislativo gerou dúvidas e perplexidades quanto ao tratamento das incompatibilidades e omissões em relação ao ordenamento jurídico, em âmbito constitucional e infraconstitucional. (LUDWIG, 2012, p. 65)

Em virtude disso, várias propostas hermenêuticas foram apresentadas, sobre distintos pontos da lei considerados obscuros, o que tem gerado, como visto, certa instabilidade e insegurança jurídica no momento das rescisões dos contratos de trabalho.

Setores representativos de grupos sociais como, por exemplo, os sindicatos e as federações (FIESP, *e. g.*) de empregados e empregadores, com o intuito de fornecer parâmetros para a aplicação da lei, manifestaram-se por meio de artigos científicos, pareceres, circulares e notas técnicas.

Renomados autores jurídicos também se pronunciaram com o fim de indicar um norte seguro a ser seguido.

As primeiras manifestações doutrinárias e jurisprudenciais acerca do tema parecem indicar que a essência do instituto do aviso-prévio permanece intocada, tendo sido alterado apenas o seu prazo, primeiro, com a inserção do conceito constitucional do mínimo de trinta dias e, depois, com a contagem proporcional ao tempo de serviço.

É possível dizer que poderão ser aproveitadas as normas e os princípios que tratavam do aviso-prévio tradicional, assim como as orientações da jurisprudência que versam sobre o tema, aplicando-os ao que se convencionou chamar de "aviso-prévio proporcional", fazendo as adaptações com a nova legislação.

Esse deve ser o ponto de partida para a intepretação da nova lei, haja vista que, ao regulamentar a proporcionalidade, a Lei n. 12.506/11 deu ao instituto do aviso-prévio um novo elemento, mas não teve o condão de alterá-lo na essência. De fato, o implemento da nova lei veio como reforço ao que se chama "nova concepção" do instituto.

Ocorre que um dos motivos das divergências nas interpretações da aludida lei liga-se ao fato de haver concepções distintas a respeito da dimensão do instituto, e não somente à opacidade do texto da lei (se assim fosse, as normas de hermenêutica poderiam ser suficientes para o deslinde da questão).

Conforme foi verificado no Capítulo 4, não há concordância quanto à natureza jurídica e à essencialidade dos elementos que o compõem. Esse dissenso é, de fato, o ponto de origem das divergentes interpretações e da aplicação da Lei n. 12.506/11 que alterou a composição de um dos elementos do aviso-prévio, qual seja, o tempo.

Isso porque, na ciência do Direito, a eficácia de todo fenômeno jurídico deve guardar correspondência com seu conteúdo, sua classificação e sua natureza jurídica, de forma que a maneira como cada autor interpretar a lei da proporcionalidade deve corresponder à compreensão que tem do instituto.

Os principais pontos de conflito na interpretação e aplicação da proporcionalidade são:

— retroatividade da lei;

— reciprocidade;

— forma;

— remuneração;

— aplicação do art. 488, II, da CLT;

— integração da projeção ao tempo de serviço;

— indenização adicional da Lei 6.708/79;

— aplicação das cláusulas (contratos individuais, regulamentos de empresa, convenções e acordos coletivos de trabalho) que já previam o aumento do prazo do aviso.

Defronte de toda essa situação narrada, o Ministério do Trabalho e Emprego (MTE), por meio do Memorando Circular n. 10/11, de 27 de outubro de 2011, rapidamente pronunciou-se sobre o entendimento que deveria ser adotado pelos servidores no ato da homologação, com relação à aplicação de seis pontos que entendeu controvertidos.

Em 2012, O MTE, por intermédio da Secretaria de Relações Sociais do Trabalho, substituiu o Memorando Circular acima mencionado pela Nota Técnica n. 184/12, revendo ou confirmando os mesmos pontos. A principal diferença é que a primeira é dirigida somente aos servidores encarregados das rescisões, já a segunda, apesar de não ter caráter vinculante (obrigatório), foi dirigida a toda a sociedade.

Passa-se, então, à apreciação dos pontos que têm gerado maior número de questionamentos a respeito da validade e da eficácia da Lei n. 12.506/11, tendo por base as orientações do MTE e as manifestações doutrinárias sobre o tema.

Antes disso, no entanto, serão fixados alguns critérios que devem ser observados na interpretação e na aplicação de qualquer dispositivo legal.

6.2. Interpretação, integração e princípios que devem orientar a aplicação da Lei n. 12.506/12

O Direito, segundo Mauricio Godinho Delgado (2006), "consiste no conjunto de princípios, institutos e regras encorpados por coerção, que imprimem certa direção à conduta humana". Atua, assim, na vida social, dela resulta e sobre ela produz efeitos.

Dessa forma, para que o operador jurídico possa fazer atuar o direito sobre a vida concreta, deve, constantemente, exercitar três operações combinadas: a interpretação, a integração e, finalmente, a aplicação jurídica.

Essas operações são conceituadas por esse autor da seguinte forma:

> Por *interpretação* conceitua-se o processo analítico de compreensão e determinação do sentido da norma jurídica enfocada. Por *integração* conceitua-se o processo lógico de suprimento das lacunas percebidas nas fontes principais do direito em face do caso concreto, mediante o recurso a fontes normativas subsidiárias. Por *aplicação* conceitua-se o processo de incidência e adaptação das normas jurídicas às situações concretas. (DELGADO, 2006, p. 233)

As três operações citadas acima se relacionam e se interpenetram, uma é complementar à outra no processo de vivificação e de concretização do direito. Sendo assim, o operador, ao se deparar com uma norma jurídica, deve conhecer esses processos.

É importante não confundir no campo da terminologia jurídica a interpretação com a hermenêutica, que é a teoria geral da interpretação. Seu objetivo não é a interpretação da lei em concreto, mas a descoberta e a fixação dos princípios reguladores da interpretação em geral. A hermenêutica jurídica é a teoria científica da ação de interpretar a lei. A interpretação da lei é a aplicação, na prática, dos preceitos da hermenêutica, na busca do sentido e do alcance de uma lei.

Interpretar, segundo Carlos Maximiliano (2003), "é determinar o sentido e o alcance das expressões do Direito". Parafraseando Heidegger, Sicuto (2008) acrescenta que "interpretar de fato é uma operação que representa o desenvolvimento do compreender, tem a finalidade de investigar o sentido da lei; o significado das normas jurídicas; o conteúdo da norma jurídica; o pensamento que anima as suas palavras; a percepção clara e exata da norma".

A interpretação das leis enseja uma série de técnicas específicas, todas de grande aplicação prática. Distribuindo-se por categorias, tem-se: a) quanto à origem ou ao agente de que promana — autêntica, doutrinária, judicial; b) quanto aos resultados — declarativa, restritiva, extensiva, analógica; c) quanto ao método ou aos meios — gramatical, lógica (racional), histórica, sistemática, teleológica.

Segue abaixo, esquematicamente, um breve escorço das técnicas de interpretação retirado das aulas da professora Ms. Ana Carolina Gonçalves Vieira:

a) Interpretação quanto à origem

• autêntica — é aquela realizada pelo próprio criador da norma jurídica;

• doutrinária — é aquela realizada pelos juristas, pesquisadores e estudiosos do Direito;

• judicial — é aquela realizada pelos Tribunais.

b) Interpretação quanto aos resultados

• declarativa — aquela em que se conclui que a norma jurídica tem o exato alcance e sentido exteriorizado em seu texto legal (a literalidade da lei apresenta todo o seu conteúdo, sem qualquer necessidade de ampliar ou restringir seu alcance);

• extensiva — aquela em que se conclui que o mero texto da norma jurídica não é capaz de exprimir de forma total o seu sentido exato (a lei diz menos do que deveria dizer, não cumprindo, portanto, sua razão e seu sentido); nessa situação, o intérprete amplia o sentido da norma de maneira a alcançar seu sentido real e efetivo;

• restritiva — aquela em que se conclui que o texto da norma jurídica é mais amplo do que o sentido por ela objetivado (a lei diz mais do que deveria dizer, não cumprindo, também, sua razão e seu sentido); nessa situação, o intérprete restringe o sentido da norma de maneira a alcançar seu sentido real e efetivo;

c) Interpretação segundo os métodos utilizados

• gramatical — a interpretação realizada a partir do exame literal do texto da norma e do significado das palavras que a compõem;

- lógica ou linguística — a interpretação realizada a partir da busca da vontade exata da norma (*mens legis*), em que o intérprete dará prevalência a ela (vontade), ainda que a expressão linguística não tenha sido a mais adequada para expressá-la;

- sistemática — a interpretação realizada a partir da busca da harmonização da norma em relação ao conjunto do sistema jurídico a que se encontra integrada; parte o intérprete, portanto, do pressuposto de que a norma deve ser entendida no cotejo (e em harmonia) com as demais normas jurídicas;

- teleológica — a interpretação realizada a partir da concepção de que o sentido da norma estará sempre em sua finalidade (no motivo de sua existência); difere do processo lógico na medida em que este busca o "pensamento contido na lei", em vez de na "finalidade da lei" (critério usado pelo processo teleológico ou finalístico);

- histórica — a interpretação realizada a partir do estudo do contexto histórico vivenciado no momento da criação da norma.

Quanto a esses métodos, é importante destacar que, não raras vezes, são utilizados em conjunto, sendo ineficaz, como regra, a interpretação focada em apenas um deles.

A respeito da utilização das técnicas de interpretação, Everson Dutra destaca a utilização do método teleológico no Direito do Trabalho:

> Conseguintemente, a interpretação das normas do Direito do Trabalho deve ocorrer pelo método teleológico (que significa a busca da intenção do legislador, tida como fonte do processo interpretativo), porque dá ao aplicador a condição de desvendar seus fins sociais, ao mesmo tempo em que lhe permite valer-se do critério histórico-evolutivo (aquele da Escola do Direito Livre, que visa a apurar quais são a finalidade e o alcance da norma em face da dinâmica das relações sociais) para certificar-se de sua atualidade. (DUTRA, 2008, p. 35)

Finalmente, merece destaque a observação de que a interpretação de normas trabalhistas, diante da especificidade desse ramo jurídico, deve buscar seu sentido mais favorável ao empregado (princípio do *in dubio pro misero*).

A respeito da interpretação das normas trabalhistas, esclarece Mauricio Godinho Delgado:

> Não obstante esse leito básico comum em que se insere o processo interpretativo justrabalhista, cabe se aduzir uma especificidade

> relevante que se agrega — harmonicamente — na dinâmica de interpretação do Direito do Trabalho. É que esse ramo jurídico deve ser sempre interpretado sob um enfoque de certo modo valorativo (a chamada "jurisprudência axiológica"), inspirado pela prevalência dos valores e princípios essenciais ao Direito do Trabalho no processo de interpretação. Assim, os valores sociais preponderam sobre os valores particulares, os valores coletivos sobre os valores individuais. A essa valoração específica devem se agregar ainda — e harmonicamente —, os princípios justrabalhistas, inclusive aquele específico cardeal do ramo jurídico, o princípio da norma mais favorável. (GODINHO *apud* DUTRA, 2008, p. 35)

Conforme verificado ao longo desta dissertação, o Direito do Trabalho é fruto de conquistas históricas e tem por principal escopo corrigir juridicamente a desigualdade fática que existe na relação entre Capital e Trabalho. A intervenção do Estado, nas palavras de Dutra (2008), "fez-se necessária para harmonizar o conflito social, concedendo maior proteção ao laborista, haja vista inserir-se em pé de desigualdade na relação com o empregador, o que é sabido e consabido".

Assim, o mencionado autor, citando Folch, sobreleva que "[...] deve-se assegurar uma superioridade jurídica ao empregado em função de sua inferioridade econômica" (DUTRA, 2008, p. 33).

Todos esses fatores devem ser ponderados na interpretação da norma jurídica trabalhista.

O processo de integração jurídica, por seu turno, tem como objetivo preencher as lacunas normativas verificadas em um determinado caso concreto. Sendo certo que o magistrado não pode se esquivar de proferir sentença ao fundamento de que não existe norma aplicável ao caso posto em juízo, é de suma importância a integração do Direito.

Neste sentido, é relevante a disposição contida no art. 8º da CLT:

> Art. 8º As autoridades administrativas e a Justiça do Trabalho, na falta de disposições legais ou contratuais, decidirão, conforme o caso, pela jurisprudência, por analogia, por equidade e outros princípios e normas gerais de direito, principalmente do direito do trabalho, e, ainda, de acordo com os usos e costumes, o direito comparado, mas sempre de maneira que nenhum interesse de classe ou particular prevaleça sobre o interesse público.
>
> Parágrafo único. O direito comum será fonte subsidiária do direito do trabalho, naquilo em que não for incompatível com os princípios fundamentais deste. (BRASIL, CLT, 2012)

Com relação à integração é importante deixar claro que o interesse público prevalecerá em qualquer hipótese sobre os interesses particulares ou de classe.

Assim, para que se interprete qualquer norma, é indispensável compreendê-la em função de seus fins sociais e em razão dos valores que pretende garantir, "não sendo correto somente sintetizar a atividade interpretativa em singela operação mental, baseada em pequenas análises lógicas que desprestigiem os aspectos axiológicos e sociais que lhe são próprios", de acordo com o que declarou Everson Bastos (2008).

Pode-se concluir que o intérprete das normas que compõem o Direito do Trabalho deverá, "ainda que iniciando pelo método gramatical e perquirindo o sentido e o alcance das palavras, buscar o sentido social das leis trabalhistas e a repercussão que exercem na sociedade" (DUTRA, 2008, p. 37).

Ainda com relação à interpretação das normas trabalhistas, não se pode deixar de mencionar que esse ramo jurídico é orientado pelo Princípio da Proteção.

Este princípio, fundamentado no caput do art. 7º da CR/88, é apontado por toda a doutrina especializada como a viga mestra do Direito do Trabalho. Segundo lição de Mauricio Godinho Delgado,

> [...] informa o princípio tuitivo o que o Direito do Trabalho estrutura em seu interior, com suas normas, institutos, princípios e presunções próprias, uma teia de proteção à parte hipossuficiente na relação empregatícia — o obreiro —, visando retificar (ou atenuar), no plano jurídico, o desequilíbrio inerente ao plano fático do contrato de trabalho. (DELGADO, 2006, p. 83)

Américo Plá Rodriguez, citado por Mauricio Godinho Delgado (2006), a quem se atribui a dedução do princípio da proteção, analisa-o sob três dimensões: norma mais favorável, condição mais benéfica e *in dubio pro misero*.

Porém não se pode restringi-lo a essas três dimensões, sendo certo que ele se manifesta em quase todos os demais princípios do Direito do Trabalho, além de sua forte influência em toda a estrutura juslaboral.

Diante disso, é possível destacar sua função informadora como sendo a mais evidente.

No que tange à função de interpretação e aplicação das leis trabalhistas, merece sobrelevo o Princípio da Norma Mais Favorável e a análise acerca de sua dimensão tríplice feita pelo mesmo autor:

> O presente princípio dispõe que o operador do Direito do Trabalho **deve optar pela regra mais favorável ao obreiro em três situações** ou dimensões distintas: no instante da elaboração da regra (princípio orientador da ação legislativa, portanto) ou no contexto de confronto entre regras concorrentes (princípio orientador do processo de

hierarquização das normas trabalhistas) ou, por fim, no contexto de interpretação das regras jurídicas (princípio orientador do processo de revelação do sentido da regra trabalhista). (S.G.O.) (DELGADO, 2006, p. 199)

Assim, tem-se que o presente princípio atua como instrumento de interpretação, de hierarquização e de informação do Direito do Trabalho. É importante destacar que, quando aceito seu caráter interpretativo, esse princípio acaba por absorver o princípio do *in dubio pro misero*.

Quanto à interpretação dos direitos trabalhistas previstos na Constituição e das leis que os regulamentam, devem ser feitas sob o enfoque da máxima efetividade, significando isso dizer que deve ser feita uma interpretação dinâmica evolutiva, com olhos voltados para o futuro, a fim de se garantir ao máximo a eficácia dos direitos sociais.

Como já se viu, o direito do trabalho sofre constantes ataques por meio da ideologia liberal. Logo que são implementadas as leis trabalhistas, tenta-se bloquear os avanços por meio da interpretação jurídica.

O intérprete, diante dessa constatação, deve evitar os caminhos hermenêuticos que conduzam às chamadas "interpretações de bloqueio" que, segundo Ari Ferreira Queiroz, citando Barbosa Moreira, consistem:

> [...] no ato do intérprete que a analisa procurando manter o mesmo espírito e valores da constituição anterior. São singulares, a respeito dessa forma de interpretação, as palavras do professor José Carlos Barbosa Moreira, taxando-a, inclusive, de uma das doenças do processo hermenêutico, quando disse que "põe-se ênfase nas semelhanças", corre-se um véu sobre as diferenças e conclui-se que, à luz daquelas, e a despeito destas, a disciplina da matéria, afinal de contas, mudou pouco, se é que na verdade mudou. É um tipo de interpretação... em que o olhar do intérprete dirige-se antes ao passado que ao presente, e a imagem que ele capta é menos a representação da realidade que uma sombra fantasmagórica. (QUEIROZ *apud* BARBOSA MOREIRA)

A compreensão desses critérios será de fundamental importância para que se possa verificar, no próximo item, quais interpretações mais se adequam aos fins do Direito do Trabalho e aos princípios que lhe são peculiares.

Passa-se, então, à análise dos pontos controvertidos na interpretação e aplicação da lei, segundo o Ministério do Trabalho e Emprego — nota técnica 184/12 —, e à comparação das manifestações doutrinárias sobre o tema, conforme os objetivos do presente trabalho.

6.3. *Questões práticas relativas à aplicação da Lei n. 12.506/11, conforme Nota Técnica n. 184/2012/CGRT/SRT/MTE*

Inicialmente, faz-se necessário esclarecer que a Nota Técnica 184/12, que substituiu o Memorando Circular n. 10, de 2011, expedida pela Secretaria de Relações do Trabalho, por meio da Coordenação Geral de Relações do Trabalho do Ministério do Trabalho e Emprego, servirá de base para a análise dos pontos conflituosos atinentes à Lei n. 12.506/11 no presente item.

Com base nas questões levantadas pelo MTE, serão verificados os posicionamentos do próprio órgão, as posições doutrinárias e, eventualmente, a manifestação judicial a respeito de cada ponto.

Deve-se destacar, no entanto, que esse memorando vincula apenas os servidores no âmbito do órgão que o proferiu.

De fato, o Ministério do Trabalho e Emprego viu-se compelido a pronunciar-se sobre o tema para orientar os servidores que exercem atividades relativas à homologação das rescisões dos contratos de trabalho, em virtude do que preleciona o art. 477, § 1º.

> Art. 477. É assegurado a todo empregado, não existindo prazo estipulado para a terminação do respectivo contrato, e quando não haja ele dado motivo para cessação das relações de trabalho, o direito de haver do empregador uma indenização, paga na base da maior remuneração que tenha percebido na mesma empresa. (Redação dada pela Lei n. 5.584, de 26.6.1970)
>
> § 1º O pedido de demissão ou recibo de quitação de rescisão, do contrato de trabalho, firmado por empregado com mais de 1 (um) ano de serviço, só será válido quando feito com a assistência do respectivo Sindicato ou perante a autoridade do Ministério do Trabalho e Previdência Social. (Redação dada pela Lei n. 5.584, de 26.6.1970) (BRASIL, 2012, DJI)

Como visto, uma vez sendo o MTE e os sindicatos, por determinação legal, responsáveis pela rescisão da homologação dos contratos de trabalho vigentes há mais de um ano, aos quais se aplicam a lei da proporcionalidade, fez-se necessária a expedição de tal orientação, que, apesar de não ter caráter vinculante, serve como parâmetro para interpretação.

Ocorre que, efetivamente, as "inúmeras situações que envolvem o aviso-prévio proporcional ao tempo de serviço ficarão ao encargo da doutrina e jurisprudência" (FERRARI, MARTINS, 2011, p. 1303).

Certamente, de acordo com Antônio Álvares (2012), caberá à Justiça do Trabalho dar a palavra final acerca da correta interpretação da Lei n. 12.506/11 — "de olhos postos na recomendação do art. 8º da CLT, um dos mandamentos éticos mais nobres e oportunos de todas as leis brasileiras: nenhum interesse de classe ou particular pode prevalecer sobre o interesse público".

Caberá aqui contribuir para a elucidação dessas pendências. Para tanto, seguir-se-á a ordem das questões levantadas pelo órgão ministerial da forma em que foram tratadas na Nota Técnica 184/12.

6.3.1. Da aplicação da proporcionalidade do aviso-prévio em prol exclusivamente do trabalhador

É consabido que o aviso-prévio é bilateral, ou seja, aplica-se a ambos os contratantes. Segundo Hirosê Pimpão (1958): o "aviso-prévio é, por definição, um direito-obrigação, bilateral por excelência; isto é, tanto o empregado como o empregador estão sujeitos à sua observância".

Diante dessa constatação, parte da doutrina se inclinou a defender que a regra da contagem de tempo proporcional deveria ser aplicada aos dois sujeitos do contrato, consoante se vê:

> Publicada a Lei n. 12.506/11, diversas vozes se manifestaram sustentando que a regra do aviso-prévio proporcional ao tempo de serviço não é aplicável apenas quando os trabalhadores forem dispensados sem justa causa, sendo também aplicável quando pedirem demissão. Um dos que se manifestaram nesse sentido foi o relator do projeto de lei do aviso-prévio proporcional na Câmara, deputado Arnaldo Faria de Sá (PTB-SP). Comungando do mesmo entendimento, manifestou-se o representante da Fiesp e os porta-vozes do Ministério do Trabalho e Emprego, segundo quem se um trabalhador que estiver na mesma empresa há mais de 20 anos pedir demissão e não cumprir o aviso, deverá indenizar a empresa no valor correspondente a 90 dias de trabalho. (BOUCINHAS, 2011)

Essa posição foi defendia por Antônio Álvares da Silva (2012) com os seguintes fundamentos inferidos do artigo publicado pelo autor na *Revista LTr* de janeiro de 2012: a) A CLT tratou com igualdade as partes do contrato de trabalho, em relação ao dever de conceder aviso-prévio; b) A contagem de dias do AP não se modifica quando quem tem a obrigação é o empregador ou o empregado; c) A previsão da Lei de contagem do tempo de serviço a favor do empregado decorre do fato de o empregador não ter tempo de serviço a seu favor, já que possui a empresa; d) A visão protetiva do Direito do Trabalho deve ser enxergada como um todo e não em todas as suas relações particulares.

Na mesma senda do mencionado autor, seguiu Carlos Augusto Marcondes de Oliveira, afirmando sobre o aviso-prévio: "trata-se de um direito de ambas as partes, principalmente em razão da natureza jurídica do instituto e por se tratar de um direito recíproco". No entanto o próprio autor ressalta que "exigir que o empregado preste serviço por mais 90 dias após o pedido de demissão pode acarretar algumas situações de difícil solução" (MONTEIRO, 2011).

Quanto ao posicionamento de Carlos Augusto Marcondes de Oliveira, é importante destacar dois pontos: o primeiro é o fato de que o mencionado autor fundamenta-se na natureza jurídica do instituto sem contudo indicá-la; outro ponto que merece destaque é que o próprio autor já aponta possíveis problemas que podem advir da sua interpretação, sem apontar, contudo, soluções.

Nunca é demais lembrar que, ao se interpretar qualquer norma trabalhista, deve-se ter em mente que, "diante de uma realidade social marcada pela assimetria, na qual um dos sujeitos se encontra em posição de flagrante inferioridade socioeconômica perante o outro, o direito do trabalho simplesmente equilibra os pratos dessa balança" (FOLCH *apud* ROMITA, 2012, p. 17).

Assim, com todo o respeito que merecem os ilustres doutrinadores e todos aqueles que aderem a essa corrente, essa não parece, contudo, a melhor o orientação.

A posição adotada pelo MTE, mais concatenada com a "nova concepção do aviso-prévio" exarada por meio da Nota Técnica 184/12, a contrário senso, afasta a possibilidade de aplicação da norma da proporcionalidade do tempo de serviço em favor do empregador com base no argumento histórico e gramatical.

Fundamenta-se na alegação de que "o intuito do poder legiferante" foi o de regulamentar o art. 7º da Constituição, que é voltado exclusivamente em benefício dos trabalhadores.

> Utilizando-se do método de interpretação gramatical, afirma que a Lei n. 12.506/11 não deixa margem para dúvidas, uma vez que traz em seu texto a seguinte expressão: "[...] será concedido na proporção de 30 (trinta) dias **aos empregados** que contem até (um) ano de serviço na mesma empresa". (Nota Técnica 184/12/CGRT/SRT/MTE)

O posicionamento do MTE, de não se aplicar a proporcionalidade em desfavor do empregado, também foi sustentado, na doutrina, por Irani Ferrari e Melchíades Rodrigues (2011), Amauri Mascaro Nascimento (2012), Sergio Pinto Martins (2012) e Guilherme Guimarães Ludwig (2012) e Jorge Cavalcanti (2011), que acrescentaram novos argumentos.

Jorge Cavalcanti (2011) afasta a necessidade do tratamento simétrico entre empregado e empregador citando Amauri Mascaro Nascimento, com o seguinte argumento que robustece a interpretação teleológica:

> De resto, não há, mesmo, a igualdade formal entre o empregado e o empregador, aquele hipossuficiente, este com o poder econômi-

> co; aquele sujeito ao poder de direção, ao poder disciplinar deste, e dependente do salário para a subsistência, este dono do capital, razões que, além de outras, nos levam a concluir que o princípio não pode ser acolhido. Sendo, consequentemente, desiguais as posições, a disciplina da rescisão contratual não pode ser a mesma para o empregado e o empregador e deve levar em conta a desigualdade, dispensando tratamento desigual para a realização de um princípio de justiça segundo o qual a verdadeira desigualdade consiste em tratar desigualmente situações desiguais. (BOUCINHAS, 2011 *apud* NASCIMENTO)

Verdadeiramente, como visto no capítulo anterior, não há que se falar em quebra do direito fundamental à isonomia pela aplicação da proporcionalidade de tempo de serviço no aviso-prévio somente em favor do empregado.

A previsão constitucional tem por intuito proteger o emprego e o valor social do trabalho e tentar corrigir ou amenizar o desnível fático existente na relação Capital *versus* Trabalho.

Nesse sentido, há a esclarecedora lição de Ludwig (2012): "A diversidade de tratamento entre as partes na relação de emprego, em favor do hipossuficiente econômico, se presta exatamente a reequilibrar a desigualdade concreta existente no plano material".

O tratamento diferenciado reforça, em verdade, a isonomia e está de acordo com a "nova concepção do aviso-prévio", que se tornou um instrumento de proteção ao emprego.

Sobre a assimetria de regimes, ressaltando o fato de não haver igualdade formal entre empregado e empregador, vale transcrever a passagem de Russomano citado por Nascimento (2012), que, bastante sensível à realidade, relata:

> [...] é muito mais comum encontrarmos o trabalhador se debatendo entre as agruras do desemprego do que a empresa sofrendo a falta de mão de obra, com o que os legisladores de diversos países foram induzidos a adotar um critério diferente, desnivelando os prazos do aviso-prévio, tornando-os mais curtos quando a notificação partir do empregado. (NASCIMENTO; MASSONI, 2012, p. 15)

Conclui-se que a interpretação teleológica não pode ser outra, senão a de aplicar somente ao empregado a regra da proporcionalidade sob pena de se agravar a condição social do trabalhador e aumentar as desigualdades.

Verificou-se, também, que nenhum dos argumentos apresentados por aqueles que defendem a aplicação recíproca e simétrica se sustenta diante das interpretações histórica, gramatical e especialmente da interpretação teleológica.

Conforme se viu ao longo deste trabalho, o instituto do aviso-prévio passou por longa evolução até que se chegasse à conotação que tem hoje, e olhar o novo com o espectro do velho é o mesmo que dizer que não houve mudanças.

Esse tipo de interpretação deve ser evitada. Dando-se relevância a esse tópico, não é demais repetir Barbosa Moreira:

> [...] põe-se ênfase nas semelhanças, corre-se um véu sobre as diferenças e conclui-se que, à luz daquelas, e a despeito destas, a disciplina da matéria, afinal de contas, mudou pouco, se é que na verdade mudou. É um tipo de interpretação... em que o olhar do intérprete dirige-se antes ao passado que ao presente, e a imagem que ele capta é menos a representação da realidade que uma sombra fantasmagórica. (QUEIROZ *apud* BARBOSA MOREIRA)

Com essas constatações, o aplicador da lei da proporcionalidade do aviso-prévio deverá interpretá-la correndo os olhos no passado, para que não se esqueça que o Direito do Trabalho é fruto da luta de milhares de seres humanos, trabalhadores, que dependiam do serviço para sobreviver e eram ferozmente explorados exatamente em virtude do absenteísmo do estado e do tratamento igualitário, mas com as vistas voltadas para o presente e mirando o futuro para que se construa uma sociedade mais digna, mais justa e mais humana.

6.3.2. Do lapso temporal do aviso em decorrência da regra da proporcionalidade

A lei que regulamentou a proporcionalidade reza que serão acrescidos ao aviso-prévio "3 (três) dias por ano de serviço prestado na mesma empresa, até o máximo de 60 (sessenta) dias, perfazendo um total de até 90 (noventa) dias".

A questão surgida nesse ponto foi determinar se a contagem do acréscimo seria aplicada a partir do segundo ou do primeiro ano completo de serviço.

A primeira orientação do Ministério do Trabalho e Emprego, exarada no Memorando Circular n. 10/11, era no seguinte sentido:

> [...] todos terão no mínimo 30 dias durante o primeiro ano de trabalho, somando a cada ano mais três dias, devendo ser considerada a projeção do aviso-prévio para todos os efeitos. Assim, o acréscimo de que trata o parágrafo único da lei somente será computado a partir do momento em que se configure uma relação contratual de dois anos ao mesmo empregador. (Memorando Circular n. 10/11)

Dessa forma, o empregado precisaria conter pelo menos dois anos completos na empresa para ter direito à contagem proporcional de acordo com a seguinte ordem:

— empregado com menos de 1 ano: 30 dias;

— empregado com 1 ano: 30 dias;

— empregado com 2 anos: 33 dias;

— empregado com 3 anos: 36 dias.

E assim sucessivamente até que se chegue ao máximo de 90 dias.

Idêntico posicionamento foi seguido pela Federação das Indústrias do Estado de São Paulo (FIESP), por meio de uma Nota Técnica de outubro de 2011, em que se encontra a seguinte conclusão:

> Conclui-se, portanto, que, quando se completa o segundo ano de serviço prestado, passa-se a ter direito a 33 dias (30 e o adicional de 3 dias). Como a lei trata de ano completo e não prevê fração, até se completar 2 anos, deve-se pagar 30 dias. A mesma fórmula de cálculo é válida para os anos subsequentes. (FIESP, NOTA TÉCNICA, outubro de 2011)

Não foi encontrado na doutrina estudada quem manifestasse adesão a esse posicionamento.

Assim, o MTE, ao exarar a Nota Técnica, retificou seu antigo posicionamento, passando a entender que "todos os empregados terão no mínimo 30 dias durante o primeiro ano de trabalho, somando-se a cada ano mais três dias". Logo, terá direito ao cômputo da proporcionalidade todo empregado, a partir do momento em que se configure uma relação contratual que supere um ano na mesma empresa. (Nota Técnica 184/2012/CGRT/SRT/MTE)

A contagem do tempo passou a ser feita da seguinte forma:

— empregados com menos de 1 ano: 30 dias;

— empregados com 1 ano: 33 dias;

— empregados com 2 anos: 36 dias.

E assim sucessivamente até completarem-se 90 dias.

Sobre essa forma de se contar o prazo, Monteiro (2011) manifestou-se assim:

> De acordo com a nova lei, a cada ano de trabalhado o empregado passa a ter direito a 3 dias de aviso-prévio limitado a 60 dias. Ou seja, o tempo máximo do aviso é de 90 dias. Isso ocorrerá caso o

empregado tenha trabalhado por 20 anos. A lei não estabelece que a proporcionalidade deve ser aplicada apenas a partir do segundo ano de trabalho, razão pela qual entendemos que no primeiro ano de trabalho o empregado já faz jus a 33 dias de aviso-prévio. (MONTEIRO; CREMONESI, 2011, p. 644)

Adotam posição semelhante Amauri Mascaro Nascimento e Túlio Massoni (2012) e Sergio Pinto Martins (2012).

Quanto à questão, a melhor solução que se aponta é a mais favorável ao empregado, qual seja, a que considera que, a partir de um ano completo, já faz jus à contagem proporcional do tempo de serviço, em outras palavras, tem direito a 33 dias de aviso-prévio.

Essa conclusão desponta da aplicação do princípio da norma mais favorável, corolário do princípio da proteção, conforme visto no item 6.2 deste trabalho.

Segundo o princípio em comento, estando o intérprete diante de duas possíveis soluções hermenêuticas, deve optar por aquela que seja a mais favorável ao trabalhador.

6.3.3. Da projeção do aviso-prévio para todos os efeitos legais

Conforme a Nota Técnica do MTE, a projeção do aviso-prévio deverá ser considerada para todos os efeitos legais. Esse entendimento é fundamentado no art. 487, § 1º, da CLT, e na OJ-SDI1 n. 367 do TST, que prescrevem respectivamente:

> Art. 487. [...]
>
> § 1º A falta do aviso-prévio por parte do empregador dá ao empregado o direito aos salários correspondentes ao prazo do aviso, garantida sempre a integração desse período no seu tempo de serviço. (BRASIL, 2012, DJI)
>
> OJ-SDI1-367. AVISO-PRÉVIO DE 60 DIAS. ELASTECIMENTO POR NORMA COLETIVA. PROJEÇÃO. REFLEXOS NAS PARCELAS TRABALHISTAS (DEJT divulgado em 3, 4 e 5.12.2008)
>
> O prazo de aviso-prévio de 60 dias, concedido por meio de norma coletiva que silencia sobre alcance de seus efeitos jurídicos, computa-se integralmente como tempo de serviço, nos termos do § 1º do art. 487 da CLT, repercutindo nas verbas rescisórias. (BRASIL. Tribunal Superior do Trabalho, Orientação Jurisprudencial da Subseção I Especializada em Dissídios Individuais)

Dada a clareza com que a jurisprudência tratou do tema e da literalidade do dispositivo legal, não foi encontrado na doutrina analisada posicionamento dissonante.

Jorge Cavalcanti (2012) vai além. Para esse autor, são mantidos todos os demais entendimentos jurisprudenciais sobre o tema, tais como o relativo ao marco inicial da prescrição bienal, à indenização adicional, conforme se verifica do parágrafo que se transcreve:

> Além de já terem pacificado que a data de saída a ser anotada na CTPS deve corresponder à do término do prazo do aviso-prévio, ainda que indenizado, os tribunais trabalhistas têm dois entendimentos hoje pacificados acerca da relação entre aviso-prévio e prescrição. O primeiro é o de que a prescrição começa a fluir no final da data do término do aviso-prévio. O segundo, o de que o prazo prescricional deve ser contado a partir do final da data do término do aviso-prévio, mesmo que esse seja indenizado. Não há razão alguma para se imaginar que este entendimento será modificado após a aprovação da Lei n. 12.506. Tem-se, com isso, que o empregado que, após mais de vinte anos de serviço, for dispensado e tiver o seu período de aviso-prévio indenizado poderá ajuizar a ação até dois anos e noventa dias após o último dia de serviços efetivamente prestados, cabendo ressaltar que a contagem do prazo do aviso-prévio é feita excluindo-se o dia do começo e incluindo o do vencimento. O prazo em questão não começará, entretanto, durante a fluência de garantia de emprego. Logo, a vítima de acidente de trabalho, com mais de vinte anos de serviço, que houver retornado ao exercício de suas funções não poderá ser pré-avisada noventa dias antes do término da estabilidade prevista no art. 118 da Lei 8.213/91 para que a cessação do trabalho coincida com a cessação da garantia de emprego. Tem-se, com isso, que, nesta circunstância, o trabalhador vítima de acidente do trabalho tem a remuneração garantida pelos 15 meses subsequentes ao seu retorno às atividades, ainda que acabe trabalhando apenas 12 meses por opção do empregador em não desfrutar de seu trabalho durante o aviso-prévio. (BOUCINHAS, 2012)

Sergio Pinto Martins (2012) compartilha do mesmo entendimento, da projeção, inclusive para fins adicionais.

Apesar de não haver muita celeuma quanto à essa questão, é importante a constatação de que a posição do MTE corroborada pelos doutrinadores citados é realmente a mais adequada ao tratamento do trabalho humano fornecido pela Constituição e com as características essenciais do instituto já estudadas no presente trabalho.

6.3.4. Da impossibilidade de acréscimo ao aviso-prévio em proporcionalidade inferior a três dias

A questão que aqui se debate é sobre a possibilidade de incluir dias fracionados no prazo do aviso-prévio. Melhor explicando, a questão debate o caso do empregado que é demitido no curso do "período aquisitivo" do direito à contagem proporcional, ou seja, caso do empregado que tem mais de um ano e é dispensado antes de completar outro ano, *v. g.*, trabalhou um ano e oito meses. Discute-se a possibilidade de estipular uma fração para que se considere, no cálculo do prazo do aviso-prévio proporcional, também os períodos de trabalho inferiores a um ano.

O Ministério do Trabalho é incisivo em afirmar que é impossível acrescer ao aviso-prévio proporcionalidade diversa daquela prevista na lei. Fundamenta-se no próprio texto legal.

De fato, a constituição, como visto no início do capítulo, estabeleceu uma relação de proporcionalidade entre duas grandezas, quais sejam: tempo de serviço e prazo, delegando ao legislador ordinário a formulação dessa constante.

A Lei n. 12.506/11, por sua vez, cumpriu essa atribuição firmando que, para cada ano de serviço prestado, haverá acréscimo de três dias no prazo do aviso, fixando assim uma constante. Quanto à possibilidade de fracionamentos, não há lacunas, mas silêncio eloquente que pode ser como aquele relevante para o Direito, o silêncio proposital.

A lei, nesse ponto, não deixou espaço para dúvidas, de maneira que o empregado adquire três dias a mais de aviso somente após ter completado um ano (considerando a projeção).

Guilherme Ludwig reforça esse entendimento rechaçando a hipótese de aplicação analógica do art. 487 da CLT:

> Neste particular, entendemos que a nova lei regula suficiente e razoavelmente a proporcionalidade consignada no inciso XXI do art. 7º da Constituição, tendo o legislador claramente eleito a unidade temporal correspondente ao ano para a contagem da variável tempo de serviço do empregado. Não se tratou de frações, mas exclusivamente do ano completo.
>
> Prepondera aqui a presunção da legitimidade democrática dos agentes públicos eleitos e responsáveis pela produção da norma. Não há elementos robustos de argumentação que autorizem a concluir, *prima facie*, pela existência de alguma omissão acidental a justificar a aplicação, por analogia, do art. 478 da Consolidação das Leis do Trabalho, alterando-se, pela via interpretativa, o próprio teor e o conteúdo normativo. (LUDWIG, 2012, p. 70)

Na doutrina estudada, acatam posição semelhante: Irani Ferrari e Melchíades Rodrigues Martins (2011), Amauri Mascaro Nascimento (2012), Antônio Álvares (2012), Sergio Pinto Martins (2012).

Finalmente, é importante destacar que Antônio Álvares da Silva (2012), embora se posicione pela impossibilidade do fracionamento, pondera ser possível que a jurisprudência se posicione de forma diferente, fazendo analogia com o tratamento do tempo de serviço fracionado em matéria de férias e 13º salário.

6.3.5. Da impossibilidade de aplicação retroativa da Lei n. 12.506/11 e o Princípio da Segurança Jurídica

Talvez seja essa a questão mais controvertida e debatida acerca da interpretação e da aplicação da Lei n. 12.506/11. O grande problema aqui gira em torno da aplicação temporal das leis trabalhistas.

Circunscrito a esse, outro problema que se vê decorre da falta de consenso quanto ao momento de exaurimento do ato do aviso-prévio e do rompimento contratual em virtude de diversas concepções que têm os autores com relação à natureza jurídica e ao conceito do aviso-prévio (*vide* capítulo 4).

A síntese dos questionamentos foi bem delineada por Boucinhas Filho (2012), onde se lê:

> Tem-se discutido se trabalhador que está na empresa há 30 anos e vier a ser demitido logo após o início da vigência fará jus a um adicional de 90 dias, por aplicação da nova lei, ou de apenas trinta em razão de seu contrato haver perdurado sob a égide da lei anterior. Outra questão que tem causado inquietação diz respeito ao direito da pessoa que foi dispensada pouco antes da publicação da nova norma e recebeu apenas trinta dias de aviso-prévio indenizado reclamar agora os outros sessenta dias a que faria jus, caso a dispensa tivesse se perpetrado sob a égide da Lei n. 12.506/11. (BOUCINHAS, 2012)

Antes de se proceder a análise das questões relativas à aplicação temporal da lei, é preciso que se determine o momento exato do exaurimento do ato do aviso-prévio e, consequentemente, da extinção contratual, sem o que não se pode determinar se a aplicação da lei é ou não retroativa.

No Capítulo 4, foram estudados com maior minudência os distintos posicionamentos doutrinários a respeito da denúncia.

Em síntese, lá se verificou que a corrente doutrinária majoritária, capitaneada por Orlando Gomes e Elson Gottschalk, considera o aviso-prévio um ato receptício, exaurindo-se no exato momento em que se chega ao conhecimento da parte avisada. Em momento posterior ocorre a resilição — no final do prazo.

A corrente, hoje minoritária, defendida pelo professor Russomano, classifica o aviso-prévio como conversão do contrato de duração indeterminada em contrato de duração determinada. Consideram a extinção do contrato concomitante com a dação do aviso.

Uma terceira linha, intermediária, considera o aviso-prévio como termo suspensivo ou inicial da efetiva extinção do contrato. Essa corrente, que tem como expoente Martins Catharino, entende que a extinção do contrato só se dá após o advento do termo imposto pelo aviso-prévio; a denúncia jungida a ele é um ato único que não se exaure, porém, de imediato, mas vai desde a notificação até o fim do prazo.

Conforme já ressaltado no capítulo 4, por levar em consideração a natureza tridimensional do aviso-prévio, a posição sustentada por Martins Catharino parece compreender melhor o instituto, não obstante se reconheça que a doutrina majoritária se filie à posição defendida por Orlando Gomes.

Importa saber agora o significado de "retroatividade". Consoante P. Roubier, citado por Nascimento:

> [...] a base fundamental da ciência do conflito das leis no tempo é a distinção entre o efeito retroativo e o efeito imediato da lei. O efeito retroativo é a aplicação no passado; o efeito imediato, a aplicação no presente. Se a lei pretende aplicar-se a fatos realizados (*facta praeterita*), ela é retroativa; se pretende aplicar-se a *situações em curso* (*facta pretendia*), é preciso estabelecer uma separação entre as partes anteriores à data da mudança da legislação, que não poderiam ser atingidas sem retroatividade, e as partes posteriores, para as quais a lei nova, se a eles aplicada, não terá jamais senão efeito imediato; por fim, em face dos fatos futuros (*facta futura*), é claro que a lei não pode ser jamais retroativa. (NASCIMENTO, 2012, p. 76)

Melhor explicando, Boucinhas Filho (2012) traz à baila a lição de Magano:

> [...] Octavio Bueno Magano destaca que o conflito entre normas no tempo se resolve conforme os cânones do direito transitório ou intertemporal, que poderiam ser resumidos em três. Aos *facta praeterita*, aqueles que ocorrem antes do advento da lei nova e cujos efeitos já foram inteiramente regulados pela lei anterior, se aplica predominantemente o direito antigo. Considerando que se a nova lei os alcançasse, iria resolver o passado já sedimentado, o festejado professor destaca que eles são protegidos pelo princípio da irretroatividade das leis. No tocante aos *facta pendentia*, assim considerados os

que têm o seu raio de ação projetado no tempo, os efeitos anteriores ao advento da lei nova serão regulados pela lei vigente ao tempo em que os mesmos fatos se constituíram e os posteriores pela lei nova. Aos *faceta futura*, aqueles cuja constituição e efeitos se produzem sob a regência da lei nova, se aplica exclusivamente o direito novo.

Conclui, por fim, o professor Magano que a lei trabalhista tem, via de regra, aplicação imediata, abrangendo todos os efeitos posteriores dos *facta pendentia*. Exemplifica o acolhimento desta tese pelos tribunais trabalhistas observando que eles atribuem estabilidade a todos os trabalhadores que já contassem dez anos de serviço na mesma empresa, a partir da data da lei instituidora do referido benefício, e asseguram férias de trinta dias a todos os trabalhadores que houvessem adquirido o direito ao recebimento de apenas vinte dias, sob o regime da lei anterior, mas não as houvessem ainda gozado. (BOUCINHAS, 2012)

Uma lei somente pode ser reputada retroativa quando tiver a pretensão de ser aplicada a fatos passados. Quando se pretende aplicá-la aos fatos presentes, há apenas efeito imediato da lei e não retroatividade.

Esses são os motivos pelos quais se torna imprescindível determinar o exato momento em que se exaure o ato jurídico, no caso, o aviso-prévio e a extinção do contrato. Sem que se o defina, não há como determinar se há ou não retroatividade na aplicação da lei, ou seja, se está sendo aplicada a um ato passado ou presente.

Assim, a depender de cada corrente a que se filie, quanto à natureza jurídica do aviso-prévio a interpretação da retroatividade acarretará consequências diversas.

Isso porque o ordenamento jurídico brasileiro consagrou o princípio da irretroatividade na mesma linha que seguiu o Direito do Trabalho, conforme lição de Mauricio Godinho Delgado (2006):

O Direito do Trabalho submete-se ao princípio jurídico geral que rege o conflito das normas jurídicas no tempo: a norma jurídica emergente terá simples efeito imediato, respeitando, assim, o direito adquirido, o ato jurídico perfeito e a coisa julgada (art. 5º, XXXVI, CF/88). (DELGADO, 2006, p. 249)

Contra a aplicação retroativa da lei, manifestou-se a FIESP, levantando os seguintes problemas de ordem eminentemente prática:

Caso os trabalhadores ingressem na Justiça pleiteando o aviso-prévio superior a 30 dias para rescisões de contrato de trabalho que foram consumados e/ou comunicados anteriormente à vigência da nova Lei, haveria somente os seguintes efeitos práticos:

O aumento injustificado de ações no Poder Judiciário que terminou o ano de 2010 com 83,4 milhões de processos em andamento.

- sobrecarga de trabalho para os magistrados do trabalho e custo adicional para o Poder Judiciário.

- custo extra para as empresas com advogados e, em despesas administrativas, para o acompanhamento desses processos.

- incentivo à conflitualidade entre ex-empregados e ex-empregadores, pois o trabalhador poderá ficar com a falsa ideia de que tem um "direito" que não foi reconhecido e pago pelo seu ex-empregador. (FIESP — NOTA TÉCNICA — 2012)

Na mesma linha, mas fundamentando-se no princípio da irretroatividade, o MTE, na Nota Técnica n. 184/12, afirmou que a aplicação da lei deve obediência a esse princípio, seguindo a regra de que "é do recebimento da comunicação que se estabelecem seus efeitos jurídicos".

No entanto a orientação do Ministério do Trabalho não responde a todas as questões acerca da aplicação temporal da Lei n. 12.506/11, que, verdadeiramente, desdobram-se em três indagações.

A primeira delas diz respeito à possibilidade de se considerar o tempo de serviço anterior à entrada em vigor da norma.

Estêvão Mallet (2011) e Amauri Mascaro Nascimento (2012) posicionaram-se pela impossibilidade do cômputo do período contratual anterior à entrada em vigor da lei para contagem da proporcionalidade sob os seguintes fundamentos: a) antes da lei, o aviso-prévio proporcional era um direito inexistente (com ressalva em relação às categorias que o disciplinaram em norma coletiva); b) a consideração do tempo anterior representa retroatividade da lei, pois a lei posterior está criando efeitos distintos para fatos a ela anteriores; c) para o STF, o tempo de serviço deve ser qualificado pela norma em vigor à época da prestação de serviços (conforme julgados sobre serviço público e aposentadoria especial), a não ser que haja previsão expressa para a retroatividade da Lei.

Entretanto, como informado por Boucinhas Filho (2012), "as manifestações públicas vêm sendo todas no sentido de que a pessoa passa a ter direito à nova regra, que incidirá sobre todo o saldo de anos trabalhados na empresa".

Esse entendimento foi seguido pela maioria dos autores consultados, dentre eles Irany Ferrari e Melchíades Martins (2012), Guilherme Ludwig (2012), Sergio Pinto Martins e Antônio Álvares da Silva (2012), conforme a fundamentação que se segue: a) antes da lei, o direito ao aviso-prévio proporcional já existia, a Lei n. 12.506/11 apenas tornou-o disponível e exercitável; b) apesar de AP estar previsto em norma constitucional de eficácia contida, a nova hermenêutica constitucional determina a máxima efetividade; c) a consideração do tempo de serviço anterior à lei **não** é hipótese de retroação, mas diz respeito à possibilidade de exercício de um direito já existente (nascimento da pretensão); e d) a lei trabalhista tem, via de regra, aplicação imediata, abrangendo todos os efeitos posteriores dos *facta pendentia*. O acolhimento desta tese pelos tribunais trabalhistas se comprova pelo fato de terem atribuído estabilidade a todos os trabalhadores que já contassem dez anos de serviço na mesma empresa, a partir da data da lei instituidora do referido benefício, e assegura férias de trinta dias a todos os trabalhadores que houvessem adquirido o direito ao recebimento de apenas vinte dias, sob o regime da lei anterior, mas não as houvessem ainda gozado.

A segunda polêmica recai sobre a possibilidade de o aviso-prévio proporcional incidir caso tenha ocorrido a vigência da Lei n. 12.506/11 no curso do prazo.

O MTE demonstra ter-se filiado à corrente que considera o aviso-prévio um ato receptício, exaurindo-se no momento em que a parte recebe a notificação. Dessa maneira, afirma-se que a lei não poderia incidir nos contratos em que a parte já houvesse sido notificada.

Na doutrina, defendem essa posição Sergio Pinto Martins (2012) e Guilherme Guimarães Ludwig (2012), com o seguinte raciocínio: "Considerando que o aviso-prévio é um direito potestativo, tem-se que se consuma no momento em que a comunicação é recebida pela parte contrária. Recebida a comunicação de dispensa/demissão, configura-se ato jurídico perfeito. Por ter-se consumado com a notificação, o aviso-prévio deve observar a lei vigente na data da comunicação. Seguindo essa linha de raciocínio, entender de forma diferente, ou seja, pela aplicação da lei a um ato jurídico perfeito, é admitir a retroatividade da lei".

Essa corrente utiliza também como argumento a Súmula n. 371 do TST, que determina que a projeção do aviso-prévio tem efeitos limitados em relação às vantagens econômicas.

Em sentido oposto, Antônio Álvares da Silva fundamenta-se no art. 489 da CLT, que reza que o aviso-prévio integra o contrato de trabalho para todos os fins e que "o contrato de trabalho só se extinguirá depois do decurso do prazo legal. Neste lapso temporal entre a concessão e o término, o contrato está em vigência e a Lei n. 12.506/11 incidirá" (SILVA, 2012, p. 33).

Tem razão o supramencionado autor. A Lei n. 12.506/11 deve ser aplicada nos casos em que a parte já havia sido notificada no momento da sua publicação não só pelo motivo explicitado pelo autor supracitado, mas, principalmente, devido ao fato de que o aviso-prévio não se exaure com a notificação.

Conforme pontuado, o aviso-prévio é um instituto tridimensional que tem no tempo um de seus componentes. Assim, só ocorre o exaurimento do ato no final do prazo quando também se efetiva a resilição.

Todavia, ainda que se considere o exaurimento do aviso-prévio com a notificação, não há como negar que o contrato de trabalho permanece vigente até o advento do termo. Cabe, assim, perfeitamente, a aplicação da lei naqueles casos em que a publicação ocorreu no curso do aviso-prévio.

A terceira e ultima controvérsia diz respeito à possibilidade de incidência do aviso-prévio proporcional nas rescisões já quitadas.

Sergio Pinto Martins (2012) e Guilherme Guimarães Ludwig (2012), Octavio Bueno Magano (2011) e Jorge Cavalcanti Boucinhas Filho (2011) afirmam que o ordenamento jurídico brasileiro absorveu o modelo da irretroatividade temperada. É certo que a retroatividade é exceção e deve ser expressa, o que não consta da Lei n. 12.506/11.

Atestam que os contratos extintos antes da Lei n. 12.506/11 são ato jurídico perfeito (ato já consumado segundo a lei vigente ao tempo em que se efetuou), e a lei não se aplica aos fatos consumados, *facta preterita*.

Aduzem também que o art. 912 da CLT prevê que os dispositivos de caráter imperativo terão aplicação imediata às relações iniciadas, mas não consumadas.

Essa parece ser a corrente adotada pelo Egrégio Tribunal Superior do Trabalho expressa por meio da Súmula n. 411, que prescreve:

> SÚMULA N. 441. AVISO-PRÉVIO. PROPORCIONALIDADE — Res. n. 185/12, DEJT divulgado em 25, 26 e 27.9.2012
>
> O direito ao aviso-prévio proporcional ao tempo de serviço somente é assegurado nas rescisões de contrato de trabalho ocorridas a partir da publicação da Lei n. 12.506, em 13 de outubro de 2011. (BRASIL. Súmulas da Jurisprudência Uniforme do Tribunal Superior do Trabalho)

Antônio Álvares (2012) assume posição antagônica, alegando, em síntese, que o direito ao aviso-prévio proporcional foi assegurado pela constituição, sendo, portanto, preexistente. A Lei n. 12.506/11 apenas o tornou exercitável processualmente.

Ao torná-lo exercitável, a lei teria abarcado todos os trabalhadores abrangidos pelo seu objeto (AVP), mesmo em relação àqueles com rescisão quitadas.

Complementa o que foi dito acima afirmando que o empregado não poderia dar quitação acerca de direito que não poderia ser exercido, uma vez que a ação acerca do aviso-prévio nasceu com a vigência da Lei n. 12.506/11 e se estende pelo prazo prescricional constitucional, ou seja, dois anos para reclamar direitos, compreendidos os cinco anos anteriores.

Finaliza seu raciocínio dizendo que não se pode atribuir ao empregado a perda de um direito constitucional para a qual não deu causa.

Apesar de ser mais favorável para o empregado, esse entendimento encontra óbice nos princípios da segurança jurídica e da irretroatividade das leis.

Extinta a relação contratual, não há como conceber a aplicação retroativa de uma lei sem que haja previsão normativa expressa nesse sentido.

Fecha-se essa questão com a lição de Radbruch citado por Mallet (2011):

> É mais importante que exista, primeiro que tudo, uma ordem jurídica, do que estar a discutir desde logo a sua justiça e *recta* finalidade; porque, se estas — a justiça e a *recta* finalidade — são realmente duas grandes preocupações do Direito, todavia, são secundárias, sendo antes primacial, no sentir de todos, a da segurança e da paz social. (MALLET, 2011, p. 1312)

Não há quem discorde de que não há direito onde não há segurança jurídica; e não há segurança jurídica onde não se respeita o direito adquirido, o ato jurídico perfeito, a coisa julgada (art. 5º, XXXVI, CF/88) e sobretudo a Constituição.

6.3.6. A Lei n. 12.506/11 e o disposto no art. 488 da CLT

Preceitua o art. 488 da Consolidação das Leis do Trabalho:

> Art. 488. O horário normal de trabalho do empregado, durante o prazo do aviso, e se a rescisão tiver sido promovida pelo empregador, será reduzido de 2 (duas) horas diárias, sem prejuízo do salário integral.
>
> Parágrafo único. É facultado ao empregado trabalhar sem a redução das 2 (duas) horas diárias previstas neste artigo, caso em que poderá faltar ao serviço, sem prejuízo do salário integral, por 1 (um) dia, na hipótese do inciso l, e por 7 (sete) dias corridos, na hipótese do inciso II do art. 487 desta Consolidação. (Incluído pela Lei n. 7.093, de 25.4.1983) (BRASIL, 2012, I

Sobre a precípua finalidade desse dispositivo, Dorval Lacerda, citado por Hirosê Pimpão, explica:

> O horário normal de trabalho do empregado, durante o prazo do aviso, e se a rescisão tiver sido promovida pelo empregador, será

> reduzido de duas horas diárias, garantida, todavia, a remuneração integral. A finalidade desse dispositivo é tornar eficaz o escopo do prévio aviso com relação ao empregado. Se ele se destina, sobretudo, a facilitar ao empregado dispensado a procura de novo emprego, é claro que o legislador teria de, dentro do horário normal de trabalho, que quase sempre coincide com o das demais empresas onde ele vai procurar trabalho, conceder-lhe certo tempo para esse fim. E a concessão não seria completa sem a garantia do salario integral, como se o empregado tivesse também trabalhado nessas duas horas. (PIMPÃO, 1958, p. 167 *apud* LACERDA)

A Lei n. 12.506/11, como mencionado alhures, ao modificar um dos elementos do aviso-prévio, o prazo, acrescendo-lhe a proporcionalidade, não alterou a essência do instituto.

Assim, as normas jurídicas que antes regiam o aviso-prévio continuam sendo aplicadas, mas com as adaptações ao novo conceito — "proporcional ao tempo de serviço".

A questão aqui surgida diz respeito à compatibilização do artigo acima transcrito com a nova sistemática do pré-aviso. Isso porque, como já visto anteriormente, com a proporcionalidade estabelecida pela Lei n. 12.506/11, o prazo pode variar de 30 a 90 dias, e a lei nada menciona sobre a possibilidade de faltas ao serviço ou a diminuição de horas de trabalho no prazo — proporcional ao tempo de serviço — por ela elastecido.

Como o art. 488 prevê a possibilidade de opção, pelo empregado, da redução da jornada de trabalho em duas horas no curso do aviso-prévio ou pela ausência durante sete dias corridos, a questão aqui se desdobra em duas.

Conferindo uma interpretação teleológica ao instituto, para equacionar a previsão do art. 488 da CLT com a Lei n. 12.506, Antônio Álvares da Silva desenvolve o seguinte raciocínio, com relação à possibilidade de o empregado faltar por sete dias corridos:

> Se o empregado estiver no curso dos sete dias de aviso-prévio e tiver faltado quatro dias, quando a lei foi sancionada, receberá 3 dias pelo critério nela estabelecido. A unidade de tempo em todos os cálculos do aviso-prévio se fará pela chamada regra de três simples, que consiste na comparação de quatro grandezas, das quais já se conhecem três.
>
> Em 365 dias ....tem direito a 3 dias.
>
> Em dois meses (60 dias), sete meses (210 dias), etc. .... terá direito a X.

> O resultado é uma fração de 3 dias, que será convertida em valor monetário segundo o salário do reclamante. (SILVA, 2012, p. 33)

O critério proposto pelo autor supre a omissão da lei, garantindo assim que o instituto cumpra melhor uma de suas principais funções, a de proporcionar tempo ao empregado para que este se restabeleça. Essa interpretação também atende melhor ao método lógico.

É certo que o aumento do prazo do aviso em função do tempo de serviço leva em consideração a dificuldade que o empregado mais velho ou há mais tempo fora do mercado de trabalho tem de se recolocar. Assim, observando-se que a liberação dos dias de trabalho tem a finalidade de possibilitar ao empregado a procura de um novo emprego, logicamente, esse tempo livre também deve ser proporcional, *s.m.j*.

Quanto à redução de duas horas na jornada, a lógica a seguir deve ser a mesma acima explicitada. Antônio Álvares da Silva então completa seu pensamento da seguinte forma:

> O art. 488 fala, no *caput*, em "prazo do aviso": "O horário normal de trabalho do empregado, durante o prazo do aviso, e se a rescisão tiver sido promovida pelo empregador, será reduzido de duas horas diárias, sem prejuízo do salário integral".
>
> O prazo do aviso era de 30 dias. Portanto, supondo estes trinta dias, foram fixados os sete dias em que é lícita a ausência do empregado. Se o aviso-prévio aumentar, conforme o tempo de casa do reclamante, também na mesma proporção aumentar-se-ão os dias em que pode faltar. O calculo se fara através de uma regra de três simples. (SILVA, 2012, p. 33)

Jorge Cavalcanti Boucinhas Filho reforça a interpretação lógica e teleológica da integração da regra da proporcionalidade do aviso-prévio com o art. 488 da Consolidação com o seguinte raciocínio:

> A solução exegética mais simples do parágrafo único do aludido artigo, que faculta ao empregado trabalhar sem a redução das 2 (duas) horas diárias para poder faltar ao serviço por 7 (sete) dias corridos, é tentar solucionar a questão com uma fórmula matemática simples. Se o empregado que fizer jus a 30 dias de aviso-prévio pode faltar por 7 dias corridos, o que fizer jus a 60 dias poderá faltar 14, e o que fizer jus a 90 poderá faltar 21 dias. O problema é que o aviso-prévio proporcional ao tempo de serviço nem sempre gerará números tão redondos. Se o empregado dispensado pela empresa trabalhou apenas dois anos, fazendo jus, portanto, a um aviso-prévio de 36 dias, e

> não quiser trabalhar durante este período com redução de jornada, os seus dias de folga, segundo a mesma regra de três utilizada anteriormente, serão 8,4. E não será fácil desfrutar de 0,4 dia de folga. (BOUCINHAS, 2012)

No entanto, dando sequência ao seu raciocínio, o autor rende-se à proposta hermenêutica que entende ser a mais simples ante o silêncio da lei, propondo a seguinte solução com relação à redução da carga horária:

> Diante de seu silêncio a respeito deste tema há que se reconhecer que a solução hermenêutica mais simples é a mais adequada para pôr fim aos impasses mencionados acima. Como só há previsão de opção por folga para a hipótese do inciso II do art. 488 (aviso-prévio de 30 dias), somente nesse caso poderá o empregado optar pela substituição da redução diária da jornada por dias de folga. Em todos os demais casos terá, sempre que o empregador não optar por indenizar o aviso-prévio, que se contentar com o trabalho em jornada reduzida. (BOUCINHAS, 2012)

Esse caminho hermenêutico é seguido pelo Ministério do Trabalho no entendimento exarado na Nota Técnica 184/12, em que se lê: "continuam em vigência redução de duas horas diárias, bem como a redução de sete dias durante todo o período do aviso-prévio".

Na doutrina, Amauri Mascaro Nascimento (2012), Sergio Pinto Martins (2012) e Guilherme G. Ludwig (2012) seguem a mesma posição da Nota Técnica do MTE, da manutenção da antiga interpretação do texto do art. 488 da CLT, fundamentando-se no argumento de que o "aviso-prévio" e o "tempo para procura de emprego" são institutos independentes.

Na omissão da lei, não cabe ao intérprete alterar o número de dias de folga previsto na CLT em função da proporcionalidade, prevalecendo a presunção da sua constitucionalidade.

A síntese do pensamento dessa linha doutrinária pode ser verificada no seguinte trecho de Ludwig:

> [...] a Lei n. 12.506/11 novamente silenciou quanto à eventual modificação da regra celetista supramencionada, em sentido da adequação proporcional da ausência consentida por sete dias corridos. Para nós, não havendo adequação da redação do parágrafo único do art. 488 celetista pela nova lei, não cabe ao intérprete alterar a natureza de uma constante correspondente ao número de dias corridos de folga ao caráter proporcional do prazo do aviso-prévio. Aqui parece prevalecer a presunção de constitucionalidade da regulamentação pela legislação infraconstitucional, no que se refere aos critérios para

aferição da proporcionalidade, não sido incluídos neste conceito normativo os dias corridos de folga para que o empregado busque sua recolocação no mercado de trabalho. (LUDWIG, 2012, p. 69)

De fato, essa tem sido a orientação seguida nas homologações das rescisões pelo Ministério do trabalho e sustentada por doutrinadores de renome.

No entanto, como fartamente demonstrado ao longo desta dissertação, uma das principais finalidades do aviso-prévio é o restabelecimento das partes do contrato. No caso do empregado, essa só se dá com a sua recolocação no mercado de trabalho.

Assim, é necessário que se faça um exercício interpretativo para que se possibilite ao empregado ausentar-se por mais dias quando tiver de cumprir um aviso-prévio maior.

No que se refere à redução da carga horária, a solução para essa equação, fazendo-se uma interpretação lógica e teleológica, isto é, mais atenta aos princípios que orientam o direito trabalhista, é mais simples. A redução se dará em todos os dias do aviso, mesmo no caso de ser superior a trinta dias.

Por uma interpretação teleológica do instituto, resta evidente que essa redução deve ser proporcional ao tempo de aviso-prévio elastecido.

De acordo com a norma celetista, as opções, para que o empregado busque recolocação no mercado de trabalho, após pré-avisado do encerramento do seu vínculo são a redução por 7 dias ou de 2 h diárias, a teor do art. 488 da CLT.

Considerando-se um aviso-prévio de 30 dias, ambas ausências se equivalem em tempo (redução aproximada de 25% do tempo de trabalho), sendo opção do empregado uma dessas.

Perceba-se que essa opção é do empregado justamente porque as vicissitudes do local em que reside e/ou de suas funções podem facilitar o contato de novo empregador a partir de mais tempo livre durante menos dias (para visitar um local distante, por exemplo), ou de menos tempo livre a cada dia, por mais dias (para realizar várias visitas em dias alternados e em locais próximos de sua residência, também por exemplo).

Por fim, há de se mencionar que a intenção do aumento proporcional do aviso-prévio ao tempo de serviço, regulado na Lei n. 12.506/11, decorre da maior dificuldade de reabsorção de trabalhador ausente do mercado de trabalho por mais tempo, ao lado, evidentemente, do aumento de sua estabilidade.

A partir dessas ponderações, da finalidade da norma, e partindo-se do pressuposto de que se deve manter a proporção entre as opções de redução de trabalho previstas no art. 488 da CLT, até para evitar indevidas interferências do empregador na escolha, resta evidente que o aumento no tempo do aviso-

-prévio deve impor acréscimo proporcional aos dias de "falta ao serviço" sem prejuízo, ao final do contrato, tal como ocorre com a redução das 2 h diárias.

É evidente que o tempo livre do empregado que conta com 90 dias de aviso-prévio, com redução de 2 h diárias é 3 vezes maior do que a ausência de labor por 7 dias ao final do pacto. Ela equivale, em tempo, a 21 dias, não havendo meios de interpretação diversa que mantenha a racionalidade do sistema que regula o fim do contrato de trabalho.

Importante ressaltar que, de longas datas, "a jurisprudência considera ilegal substituir o período que se reduz da jornada de trabalho, no aviso-prévio, pelo pagamento das horas correspondentes" (BOUCINHAS, 2012).

Também não é permitido o chamado "aviso-prévio cumprido em casa".

Não é demais lembrar que, caso o empregado consiga recolocar-se no curso do aviso, estará dispensado de seu cumprimento.

6.3.7. A Lei n. 12.506/11 e o disposto no art. 9º da Lei n. 7.238/84

A última questão enfrentada pela Nota Técnica 184/12 do Ministério do Trabalho e Emprego diz respeito à indenização devida ao trabalhador no caso de dispensa nos 30 dias que antecedem a data base da categoria.

O art. 9º da Lei n. 7.238/84 assim dispõe:

> Art. 9º O empregado dispensado, sem justa causa, no período de 30 (trinta) dias que antecede a data de sua correção salarial, terá direito à indenização adicional equivalente a um salário mensal, seja ele optante ou não pelo Fundo de Garantia do Tempo de Serviço — FGTS. (BRASIL, 2012)

Antes mesmo da edição da lei, muita discussão girava em torno dessa matéria, o que fez com que o E. TST editasse a Súmula n. 314, que preceitua, *in verbis*:

> SÚMULA N. 314 DO TRIBUNAL SUPERIOR DO TRABALHO. INDENIZAÇÃO ADICIONAL. VERBAS RESCISÓRIAS. SALÁRIO CORRIGIDO.
>
> Se ocorrer a rescisão contratual no período de 30 (trinta) dias que antecede à data-base, observada a Súmula n. 182 do TST, o pagamento das verbas rescisórias com o salário já corrigido não afasta o direito à indenização adicional prevista nas Leis ns. 6.708, de 30.10.1979, e 7.238, de 28.10.1984. (BRASIL. Súmulas da Jurisprudência Uniforme do Tribunal Superior do Trabalho)

O Ministério do Trabalho, com o advento da lei, permaneceu com o mesmo entendimento que tinha a jurisprudência, considerando a projeção do aviso-prévio proporcional ao tempo de serviço para todos os efeitos, inclusive para o pagamento da indenização adicional.

Verdadeiramente, o raciocínio não poderia ser diverso desse. A lei diz que são devidos ao empregado demitido no trintídio que antecede a data-base a indenização e o aviso-prévio; como visto, projeta a extinção contratual para a data do termo. Assim, caso a extinção do contrato, considerada a projeção do aviso-prévio proporcional, se dê nesse trintídio, a indenização será indubitavelmente devida.

Esse entendimento de que o contrato só se extingue ao final do aviso-prévio encontra-se consubstanciado na orientação jurisprudencial do Tribunal Superior do Trabalho nos seguintes termos: "OJ n. 82 da SDI-1 do TST. Aviso-prévio. Baixa na CTPS. A data de saída a ser anotada na CTPS deve corresponder à do término do prazo de aviso-prévio, ainda que indenizado" (BRASIL, 2012).

Na doutrina estudada não se encontrou quem se posicionasse de maneira diversa. Boucinhas Filho (2012) é esclarecedor ao relatar outras situações em que a projeção do aviso deverá ser considerada.

Cabe destacar ainda que o art. 487, § 6º, determina, com clareza solar, que em caso de reajustamento salarial coletivo durante o período de aviso-prévio trabalhado ou indenizado este beneficiará os empregados já dispensados. Caso o Termo de Rescisão do Contrato de Trabalho já tenha sido formalizado, deverá ser feito um termo complementar para pagamento das diferenças decorrentes do reajuste.

> Pela mesma razão, o tempo do aviso-prévio, mesmo indenizado, conta-se para efeito da indenização adicional prevista no art. 9º da Lei n. 6.708, de 30.10.1979, que estatui que "O empregado dispensado, sem justa causa, no período de 30 (trinta) dias que antecede a data de sua correção salarial terá direito à indenização adicional equivalente a um salário mensal, seja ele ou não optante pelo Fundo de Garantia do Tempo de Serviço". (BOUCINHAS, 2012)

Deve ser destacado o posicionamento do E. TST no sentido de que a projeção do aviso está limitada às vantagens econômicas obtidas pelo empregado.

Essas foram as questões levantadas concernentes à interpretação e à aplicação da Lei n. 12.506/11 pelo Ministério do Trabalho por meio da Nota Técnica 184/12, que orientou seus servidores quanto aos procedimentos na homologação.

Conforme verificado, as questões são polêmicas e ensejadoras de diversas contendas doutrinárias. Nesse tópico, foram expostos os posicionamentos do MTE e dos doutrinadores com intuito de se colaborar para o deslinde das controvérsias.

Foram relatados em cada item os posicionamentos sustentados por cada corrente doutrinária e feita a comparação. Após essa análise, procurou-se indicar, com base nos fundamentos doutrinários e no estudo realizado no presente trabalho, os cominhos interpretativos que melhor privilegiam o valor social do trabalho como promotor da dignidade da pessoa humana.

No entanto a falta de clareza da lei levantou muito mais dúvidas do que essas aqui tratadas, como se verá exemplificativamente no tópico a seguir.

6.4. Algumas questões relativas à interpretação e à aplicação da Lei n. 12.506/11 conforme os doutrinadores

Não se tem aqui a pretensão de exaurir todas as questões polêmicas levantadas pela doutrina em relação à interpretação e à aplicação da Lei n. 12.506/11.

Procurar-se-á, no entanto, seguindo a mesma proposta do item anterior, evidenciar as principais contendas, verificando qual interpretação é mais condizente com os ditames constitucionais.

6.4.1. Limitação do aviso-prévio proporcional a 90 dias

Guilherme Ludwig sustenta que a fixação por lei ordinária de um limite de noventa dias é inconstitucional. A síntese de sua argumentação pode ser lida na seguinte citação:

> Por violação do inciso XXI do art. 7º da Constituição, há inconstitucionalidade da expressão "até o máximo de 60 (sessenta) dias, perfazendo um total de até 90 (noventa) dias", contida no art. 1º, *caput*, da referida Lei n. 12.506/11. Em consequência, não há nenhum limite temporal máximo para a plena eficácia do direito fundamental à proporcionalidade do aviso-prévio. (LUDWIG, 2012, p. 71)

À conclusão diametralmente oposta chegou Sergio Pinto Martins, confrontando o entendimento acima da seguinte maneira:

> Entendo que a determinação de estabelecer o limite de 60 dias não é inconstitucional, pois a norma constitucional precisava ser regulamentada pela previsão da lei ordinária. O inciso XXI do art. 7º da Constituição é claro no sentido de que o "aviso-prévio proporcional ao tempo de serviço" é "estabelecido nos termos da lei". A propor-

> cionalidade será estabelecida na forma prevista na lei ordinária, que é a Lei n. 12.506. Logo, a lei pode limitar o máximo do aviso-prévio proporcional, pois há expressa permissão constitucional para isso. (MARTINS, 2012, p. 58)

Apesar de não ser a posição mais favorável ao empregado, o autor citado anteriormente sustenta que não há inconstitucionalidade na fixação do limite temporal de 60 dias para a proporcionalidade.

Ao que parece, o legislador, ao elaborar a lei, esteve preso à realidade atual, em que raras vezes um empregado, sem estabilidade, trabalha mais de 20 anos na mesma empresa.

No entanto, conforme foi verificado, a interpretação dos dispositivos constitucionais deve ser feita com os olhos voltados para o futuro, para o incremento dos direitos sociais e para máxima efetividade dos direitos humanos, neles incluídos os direitos dos trabalhadores.

O aviso-prévio proporcional ao tempo de serviço está integrado a um sistema de proteção ao emprego. A limitação do prazo afrontaria diretamente os objetivos do instituto e a unidade da constituição[52].

Não obstante nosso ordenamento tenha optado pela extinção da estabilidade decenal, o aviso-prévio proporcional, o Fundo de Garantia do Tempo de Serviço e o inciso referente à proteção contra despedida arbitrária prevista no parágrafo primeiro do artigo sétimo da Carta Magna devem, interpretados de forma sistêmica, caminhar para a garantia do emprego ou, pelo menos, uma maior proteção.

A previsão da proporcionalidade do aviso-prévio ao tempo de serviço indica o intento da Constituição de proteger o emprego e o trabalhador, uma vez que, quanto maior o tempo de dedicação ao mesmo empregador, maior a proteção, afinal, grande parte da vida do empregado foi deixada naquele local onde prestou serviço.

Deve ser dada à lei "interpretação conforme a constituição", utilizando-se da técnica da "declaração parcial de nulidade sem redução de texto", em que mantém-se intacto o texto original, reduzindo apenas a sua interpretação ou a sua aplicação, conferindo à lei interpretação conforme a constituição.

---

(52) Da lição de Canotilho (1991) extrai-se que "O princípio da unidade da Constituição ganha relevo autônomo como princípio interpretativo quando com ele se quer significar que o Direito Constitucional deve ser interpretado de forma a evitar contradições (antinomias, antagonismos) entre as suas normas e, sobretudo, entre os princípios jurídicos-políticos constitucionalmente estruturantes. Como 'ponto de orientação', 'guia de discussão' e 'factor hermenêutico de decisão', o princípio da unidade obriga o intérprete a considerar a Constituição na sua globalidade e procurar harmonizar os espaços de tensão".

Gilmar Ferreira Mendes explica a "interpretação conforme" da seguinte maneira: "Oportunidade para interpretação conforme à Constituição existe sempre que determinada disposição legal oferece diferentes possibilidades de interpretação, sendo algumas delas incompatíveis com a própria Constituição".

Verifica-se que o caso da limitação dos 90 dias encaixa-se perfeitamente na explicação descrita. Assim, com a técnica da declaração parcial, poder-se-á dar uma interpretação à lei, conforme a constituição, e sem retirar a eficácia do texto normativo, afastar a limitação, mantendo a mesma proporcionalidade; ou seja, acrescentando três dias a cada ano de serviço prestado sem a limitação da lei.

Convém ressaltar que nada impede que o prazo seja aumentado pela via da negociação coletiva. Entender dessa maneira privilegia o Direito Coletivo do Trabalho.

6.4.2. A aplicação da Lei n. 12.506/11 aos trabalhadores domésticos

Como visto, a Lei n. 12.506/11 regulamentou a proporcionalidade prevista na Constituição, mas foi expressa em afirmar que tratou do aviso-prévio previsto na CLT.

Diante disso, surgiu a seguinte indagação: o direito à contagem do aviso -prévio proporcional deve ser estendido aos domésticos?

Sergio Pinto Martins posicionou-se contrariamente à aplicação com os seguintes argumentos:

- Do ponto de vista legalista, propõe uma interpretação literal da Lei, afirmando que o texto normativo utiliza-se do termo "empresa", induzindo à conclusão de que não houve regulamentação do aviso-prévio para o empregado doméstico;

- Do ponto de vista prático, aduz que, na relação de emprego doméstica, o vínculo de confiança é mais intenso, pelo que não teria sentido manter o empregado na residência por período superior a 30 dias.

Nenhum dos argumentos apresentados, no entanto, se sustenta. É consabido que a interpretação gramatical é importante, mas dificilmente consegue revelar todo conteúdo da norma, pelo que se dispõe de outros métodos hermenêuticos.

O argumento de ordem prática também falece diante de sua própria fundamentação. O fato de a relação doméstica exigir maior confiança só revela a necessidade de maior proteção às partes envolvidas, principalmente ao empregado que, via de regra, é menos qualificado e depende só do trabalho para seu sustento.

Não se pode dizer que isso tornaria sobremaneira onerosa essa relação e incentivaria as relações informais. O empregador deve, quando disposto a contratar um empregado doméstico, arcar com o ônus desse serviço, pagando condignamente e fazendo provisões para a eventual rescisão.

Posicionam-se favoravelmente à aplicação da lei ao empregado doméstico Guilherme Guimarães Ludwig (2012), Irani Ferrari e Melchíades Rodrigues Martins (2011), com os seguintes fundamentos:

- A CF/88 concede o direito ao aviso-prévio ao doméstico;

- A omissão do legislador infraconstitucional autoriza a aplicação, por analogia, da Lei n. 12.506/11 aos domésticos;

- Conforme normas da OIT, há um esforço para equiparação dos direitos dos domésticos aos demais empregados;

- Não há diferença relevante no trabalho doméstico que justifique um tratamento legal distinto do aviso-prévio em relação a tais empregados.

Merecem destaque o fato de, recentemente, terem sido aprovadas pela OIT a Convenção n. 189 e a Recomendação n. 201, que tratam dos direitos dessa categoria, e de ter sido aprovada no Congresso Nacional a PEC n. 478/10, que iguala em direitos os trabalhadores urbanos e os domésticos. A aprovação da referida emenda poria fim a toda essa celeuma.

6.4.3. A validade das normas coletivas que já previam aviso-prévio proporcional ao tempo de serviço

Quanto a esse ponto, não se encontrou dissenso doutrinário. Merece menção apenas o posicionamento de Jorge Cavalcanti Boucinhas Filho (2012), segundo o qual as cláusulas coletivas serão consideradas válidas desde que respeitada a proporcionalidade mínima prevista em lei.

Essa posição é corroborada pelo MTE por meio da Nota Técnica 184/12, de onde se infere que as cláusulas coletivas permanecem em vigor se observado o mínimo de três dias/ano.

Feitas essas análises, verifica-se que a Lei n. 12.506/11 deveria ter sido mais clara.

Não se olvida o fato de que a proporcionalidade do aviso-prévio estava prevista na Constituição desde 1988 (mais de 23 anos), no rol dos direitos fundamentais dos trabalhadores, e que prevalecia o entendimento, inclusive consubstanciado na orientação jurisprudencial n. 84 da SDBI-1, que condicionava o exercício desse direito à lei regulamentadora.

Em virtude dessa situação, Antônio Álvares da Silva (2012) considera que a Lei n. 12.506/11 "é uma boa lei", porquanto possibilitou o exercício do direito à proporcionalidade.

De fato, a Lei n. 12.506, de 2011, apesar de todas as falhas apontadas pela doutrina, cumpriu papel de regulamentar a "promessa" do constituinte e melhorou um pouco as condições do empregado no momento do término do Contrato de Trabalho.

Os debates doutrinários, como dito alhures, fazem parte do processo democrático e auxiliaram na formação de um caminho hermenêutico seguro e condizente com os princípios do Direito do Trabalho e da Constituição. As dúvidas e controvérsias serão paulatinamente solucionadas pela jurisprudência.

Não se olvida o fato de que a proporcionalidade do aviso prévio estava prevista na Constituição desde 1988 (mais de 22 anos), no rol dos direitos fundamentais dos trabalhadores, e que prevalecia o entendimento, inclusive consubstanciado na orientação jurisprudencial n. 84 da SDI-1, que condicionava o exercício desse direito à sua regulamentação.

Em virtude dessa situação, Antonio Alvares da Silva (2012) considera que "a Lei n. 12.506/11 é uma boa lei, porquanto possibilitou o exercício do direito à proporcionalidade".

De fato, a Lei n. 12.506, de 2011, apesar de todas as falhas apontadas pela doutrina, cumpriu o papel de regulamentar a "promessa" constitucional e melhorou um pouco as condições do empregado no momento do término do contrato de trabalho.

Os debates doutrinários, como ora alinhados, fazem parte do processo democrático e auxiliam na formação de um caminho hermenêutico seguro e condizente com os princípios do Direito do Trabalho e da Constituição. As dúvidas e controvérsias serão paulatinamente solucionadas pela jurisprudência.

Considerações Finais

O objetivo desta dissertação foi o de fornecer balizas doutrinárias para a interpretação do que se convencionou denominar "aviso-prévio proporcional ao tempo de serviço".

Partindo da constatação da existência de diversos problemas relacionados à aplicação da Lei n. 12.506/11, o presente trabalho propôs-se a enfrentar essas questões na busca de uma proposta hermenêutica mais adequada aos princípios que norteiam o Direito do Trabalho e ao valor constitucional do trabalho humano.

Constatou-se que o aviso-prévio é um instituto tão antigo quanto o próprio Direito, advindo da necessidade de garantir uma certa harmonia às relações sociais.

Incorporado pelo direito com forte carga axiológica do Estado Liberal, ganhou as feições civilistas da época. Era tratado como um direito igual e recíproco, primeiro ligado à proteção da liberdade das partes de se desvincularem do pacto que as unia à acepção clássica do instituto.

Antecedente à formação do Direito do Trabalho, foi por esse ramo jurídico absorvido quando ganhou novas cores e moderna conotação. Aplicado aos contratos de trabalho, sob a égide da legislação trabalhista, o aviso-prévio passou a ser visto como uma forma de proteção ao emprego, considerada essa a nova concepção do aviso-prévio.

Para que se chegasse a essa compreensão foi necessário refazer todo o caminho histórico do desenvolvimento do instituto, desde a forma como foi concebido originalmente até se chegar à acepção atual.

Ao longo do século XIX, enquanto o pensamento liberal aprofundava cada vez mais as desigualdades sociais e econômicas, o Direito do Trabalho surgiu como uma resposta do Estado à necessidade de proteção e defesa daqueles que eram ilimitadamente explorados pelo sistema. *"A partir da consciência da importância do trabalho prestado em condições de dignidade, como contraponto à exploração da força de trabalho, é que se revela o direito do trabalho"*(53).

A partir da década de 1970, com a crise do Estado Social de Direito e a retomada da hegemonia do pensamento liberal e seu aprofundamento, o trabalho, o emprego e o Direito do Trabalho passaram a ser alvos de um intenso processo de desconstrução. Ganharam destaque diagnósticos relacionados ao fim do trabalho e do emprego e à caducidade das leis trabalhistas, bem como propostas e medidas voltadas para a flexibilização das normas jurídicas e a desregulamentação do mercado de trabalho.

Dentre outras funções típicas do Direito do Trabalho, desponta a de ser um instrumento civilizatório, no sentido de estabelecer padrões que sejam socialmente aceitáveis e que devem ser observados independentemente da vontade das partes; padrões dentro dos quais deve ocorrer a dinâmica entre o trabalho e o capital, com a observância e o respeito à dignidade da pessoa do trabalhador.

Por outro lado, segundo os parâmetros ultraliberais, para que o mercado possa alcançar seu equilíbrio, precisa de liberdade para seguir no sentido que lhe convier, tomando as formas e as direções que lhe sejam mais adequadas, razão pela qual o emprego formal e o ramo jurídico composto de normas cogentes e irrenunciáveis que o regulam se transformaram em verdadeiros empecilhos.

Nesse contexto, o Estado Democrático de Direito surge com a missão de equilibrar as tensões existentes entre o Capital e o Trabalho, o desenvolvimento econômico e o desenvolvimento social, os interesses individuais e os interesses coletivos.

O instituto do aviso-prévio proporcional ao tempo de serviço se incumbe de fazer essa intercessão. Se tem sido difícil, no mercado globalizado do mundo contemporâneo, a instituição de mecanismos aptos a manter a estabilidade no emprego, o aviso-prévio, ao mesmo tempo que viabiliza a denúncia, também se faz um instrumento de proteção ao emprego, tornando mais onerosa a demissão.

Essa talvez seja a constatação jus-sociológica-econômica mais importante deste trabalho. Em termos práticos, a compreensão significa dizer que o instituto do aviso-prévio deve ser interpretado de forma a realizar a finalidade que lhe é atribuída pela sua nova concepção, qual seja, a proteção do emprego.

Esse, pois, deve ser o parâmetro a ser seguido para a interpretação da Lei n. 12.506, de 11 de outubro de 2011 e para a solução de todas as eventuais questões que possam surgir no momento da sua aplicação.

(53) DELGADO, Gabriela Neves. *Direito fundamental ao trabalho digno.* São Paulo: LTr, 2006. p. 26.

Com base nesse entendimento, chegou-se às seguintes conclusões quanto às questões enfrentadas:

- O aviso-prévio é um instituto tridimensional que abrange a notificação, o tempo e o pagamento. Trata-se de uma notificação que faz atrelar um termo à denúncia, de maneira que essa só se torna efetiva ao final do termo;

- A proporcionalidade do aviso-prévio aplica-se em prol exclusivamente do trabalhador;

- Tem direito ao cômputo da proporcionalidade todo empregado, a partir do momento em que se configure uma relação contratual que supere um ano na mesma empresa;

- Considera-se a projeção do aviso-prévio para todos os efeitos legais;

- Não é possível o acréscimo ao aviso-prévio em proporcionalidade inferior ou diferente de três dias;

- Não é possível a aplicação retroativa da Lei n. 12.506/11. Não se entende por retroativa, contudo, a aplicação aos contratos vigentes quando da publicação da lei, ainda que já tenha o empregado recebido a notificação;

- O art. 488 da CLT deve sofrer adaptação para ser aplicado, fazendo-se regra de três simples;

- Considera-se a projeção do aviso-prévio para todos os efeitos legais, inclusive para concessão da indenização contida no art. 9º da Lei 7.238/84;

- É inconstitucional a limitação, pela lei, do aviso-prévio proporcional a 90 dias, e nada impede o elastecimento do prazo em favor do empregado, por acordo entre as partes ou por sentença normativa;

- A Lei n. 12.506/11 aplica-se aos trabalhadores domésticos;

- Permanecem válidas as normas coletivas que já previam o aviso-prévio proporcional ao tempo de serviço, desde que respeitada a proporcionalidade legal e seja mais favorável ao empregado.

Ao final desta dissertação, chega-se à conclusão de que ainda há muito o que discutir em relação às controvérsias relacionadas à aplicação do chamado aviso-prévio proporcional ao tempo de serviço.

Somente com o aprofundamento e o amadurecimento dos debates poder-se-á chegar a um resultado que equacione as tormentosas questões que permeiam a aplicação desse instituto.

Referências Bibliográficas

ALMEIDA, Amador Paes de. *CLT comentada.* São Paulo: Saraiva, 2002.

_____. *CLT comentada:* legislação, doutrina, jurisprudência. São Paulo: Saraiva, 2003.

ALMEIDA, Milton Vasques Thibau. *O aviso-prévio proporcional no contexto do sistema de proteção ao emprego:* epílogo da trajetória liberatória contra a manutenção das relações jurídicas indesejadas. Disponível em: <http://www.trt3.jus.br/download/artigos/pdf/272_aviso_previo_proporcional.pdf>. Acesso em: 26.10.2012.

ALMEIDA, Renato Rua de. Proteção contra a despedida arbitrária. Aviso-prévio proporcional ao tempo de serviço. *Revista LTr,* São Paulo: LTr, v. 56, n. 10, p. 1199-1202, out. 1992.

ALVES, Felipe Dalenogare. Direito romano: principais institutos. *Âmbito Jurídico,* Rio Grande, XIII, n. 81, out 2010. Disponível em: <http://www.ambito-juridico.com.br/site/index.php?n_link=revista_artigos_leitura&artigo_id=8504>. Acesso em: 11.2012.

ASSIS, Machado de. Disponível em: <http://pensador.uol.com.br/frase/NjE3ODIx/>. Acesso em: 1º.1.2013.

BARROS, Alice Monteiro de. *Curso de direito do trabalho.* São Paulo: LTr, 2005,.

BARROSO, Luís Roberto. *Judicialização, ativismo judicial e legitimidade democrática.* Disponível em: <www.oab.org.br/editora/revista/users/revista/1235066670174218181901.pdf>. Acesso em: 20.11.2012.

BOUCINHAS FILHO, Jorge Cavalcanti. *Reflexões sobre o aviso-prévio proporcional ao tempo de serviço.* Disponível em: <http://jus.com.br/revista/texto/20566>. Acesso em: 12.2011.

BRASIL. Constituição (1988). *Constituição da República Federativa do Brasil.* Disponível em: <http://www.planalto.gov.br/ccivil_03/constituicao/constituicao.htm>. Acesso em: 5.12.2012.

_____. *Consolidação das Leis do Trabalho — CLT.* Decreto-Lei n. 5.452, de 1º de maio de 1943. Disponível em: <http://www.dji.com.br/decretos_leis/1943-005452-clt/clt.htm>. Acesso em: 5.11.2012.

______. *Código Civil (1916)*. 50. ed. São Paulo: Saraiva, 1999.

______. *Lei n. 12.506, de 11 de outubro de 2011*. Dispõe sobre o aviso-prévio e da outras providências. Disponível em: <http://www.planalto.gov.br/ccivil_03/_ato2011-2014/2011/lei/l12506.htm>. Acesso em: 15.11.2012.

BRITTO, Carlos Ayres. *Teoria da constituição*. Rio de Janeiro: Forense, 2003.

CABRAL, Adelmo de Almeida. *Aviso-prévio:* doutrina, legislação e jurisprudência. São Paulo: LTr, 1998.

CANOTILHO, J. J. Gomes. *Direito constitucional*. 5. ed. Coimbra: Almedina, 1991.

CARDOSO, Adalberto Moreira. *A década neoliberal e a crise dos sindicatos no Brasil*. São Paulo: Boitempo, 2003.

CASSAR, Vólia Bomfim. *Direito do trabalho*. 5. ed. Niterói: Impetus, 2011.

CATHARINO, José Martins. *Contrato de emprego*. 2. ed. Rio de Janeiro: Trabalhistas, 1965.

______. *Compêndio universitário de direito do trabalho*. São Paulo: Jurídica e Universitária, 1972. v. 2.

CAVALCANTI, Lygia Maria de Godoy Batista. *A flexibilização do direito do trabalho no Brasil:* desregulamentação ou regulação anética do mercado? São Paulo: LTr, 2008.

CSISZER, Juliana Vieira. *O valor social do trabalho:* uma leitura neoconstitucional. Dissertação apresentada ao programa de mestrado em Ciência Jurídica da Universidade Estadual do Norte do Paraná. Jacarezinho, 2011.

CASTELLS, Manuel. *A galáxia da internet:* reflexões sobre a internet, os negócios e a sociedade. Tradução de Maria Luiza X. de A. Borges. Rio de Janeiro: Jorge Zahar, 2003.

COSTA, Salustiano Orlando de Araújo. *Codigo commercial do imperio do Brazil* — annotado com toda legislação do paiz que lhe é pertinente pelo desembargador Salustiano Orlando de Araujo Costa. Salustiano Orlando de Araújo Costa. 4. ed. Rio de Janeiro: Lemmertz & C.

DE MARTINI, Marcus John Donne. Considerações sobre vida e obra. *Fragmentos*, n. 33, Florianópolis, p. 121-137, jul./dez. 2007.

DELGADO, Gabriela Neves. *Direito fundamental ao trabalho digno*. São Paulo: LTr, 2006.

DELGADO, Mauricio Godinho. *Curso de direito do trabalho*. 4. ed. São Paulo: LTr, 2005.

______. *Curso de direito do trabalho*. 5. ed. São Paulo: LTr, 2006.

______. *Capitalismo, trabalho e emprego*. 1. ed. São Paulo: LTr, 2006.

______. *Capitalismo trabalho e emprego. Entre o paradigma da destruição e os caminhos de reconstrução*. São Paulo: LTr, 2005.

______. Relação de emprego e relações de trabalho: a retomada do expansionismo do Direito Trabalhista. In: SENA, Adriana Goulart; DELGADO, Gabriela Neves; NUNES, Raquel Nunes. *Dignidade humana e inclusão social*: caminhos para a efetividade do Direito do Trabalho no Brasil. São Paulo: LTr, 2010.

DINIZ, Maria Helena. *Compêndio de introdução à ciência do direito*. 7. ed. São Paulo: Saraiva, 1995.

DMITRUK, Erika Juliana. O princípio da integridade de interpretação construtivista do direito em Ronald Dworkin. *Revista Jurídica da UniFil*, ano IV, n. 4, 2007.

DUTRA, Léverson Bastos. A subversão interpretativa do direito do trabalho e os conseguintes danos ao trabalhador. *Rev. Trib. Reg. Trab. 3ª Reg.*, Belo Horizonte, v. 47, n. 77, p. 31-49, jan./jun. 2008.

FERRARI, Irany; MARTINS, Melchíades Rodrigues. Aviso-prévio proporcional — Lei n. 12.506 — sua aplicação. *LTr: Legislação do Trabalho*, v. 76, n. 1, p. 1296-1303, nov. 2011.

FERREIRA, Aurélio Buarque de Holanda. Aviso-prévio. In: FERREIRA, Aurélio Buarque de Holanda. *Novo dicionário Aurélio da língua portuguesa*. 3. ed. Curitiba: Positivo, 2004.

GHIRARDI, Maria Luiza de Assis Moura. *A busca das origens:* revelação e segredo. 2012. Disponível em: <http://www.gaasp.org.br/index.php?option=com_content&view=article&id=352%3Aa-busca-das-origens-revelacao-e-segredo&catid=58%3Areflita&Itemid=73&limitstart=1. Acesso em: 12.12.2012.

GIMENEZ, Irevaldo Gutierres. O aviso-prévio direito do trabalho. Cuiabá: UFMT, 1995.

GOMES, Orlando; GOTTSCHALK, Elson. *Curso de direito do trabalho*. 1. ed. Rio de Janeiro: Forense, 1990.

GOUVÊA, Ligia Maria Teixeira. O aviso-prévio em dois enfoques. *Revista TRT 12ª Região*, Florianópolis, n. 7, p. 19-31, 1997.

GUERRA, Marcelo Lima. *Valor social do trabalho e da livre-iniciativa:* um exemplo de concordância prática (aplicação das condições mínimas impostas pelo Direito do Trabalho ao contrato anulado por força do art. 9º da CLT). Disponível em: <http://www.google.com/url?sa=t&rct=j&q=&esrc=s&source=web&cd=1&ved=0CDIQFjAA&url=http%3A%2F%2Finstitutoaldymentor.wikispaces.com%2Ffile%2 Fview%2FValor%2Bsocial%2Bdo%2Btrabalho%2Be%2Bda%2Blivre%2Biniciativa.doc&ei=a3jLUN3oNIWVyQGvnIHwCQ&usg=AFQjCNEP3cbuK2JNmTt0k0F8gJtbaAGsHw&bvm=bv.1355325884,d.aWc>.

GUERRA FILHO, Willis Santiago. *Processo constitucional e direitos fundamentais*. 5. ed. São Paulo: RCS, 2007.

GUNTHER, Luiz Eduardo; ZORNIG, Cristina Maria Navarro. Aspectos essenciais sobre o aviso-prévio na justiça do trabalho. *Revista TRT — 9ª R.*, Curitiba, v. 29, n. 52, p. 91-156, jan./jun. 2004.

______ . Aviso-prévio na justiça do trabalho — parte I. *Revista de Direito Trabalhista*, ano 11, n. 10, p. 31, 31 de outubro de 2005.

HABERMAS, J. *Pensamento pós-metafísico. Estudos filosóficos*. 2. ed. Rio de Janeiro: Tempo Brasileiro, 2002.

INFORMATIVO 632 STF. Disponível em: <http://jus.com.br/revista/texto/20566/reflexoes-sobre-o-aviso-previo-proporcional-ao-tempo-de-servico/3#ixzz2CPBKxRSl>.

LAIS, F. Disponível em: <http://pensador.uol.com.br/frase/NjE3ODIx/>. Acesso em: 1º.1.2012.

LEAL, Rosemiro Pereira. *Teoria geral do processo:* primeiros estudos. 8. ed. Rio de Janeiro: Forense, 2008.

LEITE, Carlos Henrique Bezerra. *Constituição e direitos sociais dos trabalhadores.* São Paulo: LTr, 1997.

______. *Curso de direito processual do trabalho.* 6. ed. São Paulo: LTr, 2008.

LEMOS, Jonathan Iovane de. A aplicabilidade imediata do aviso-prévio proporcional. *Revista de Processo do Trabalho e Sindicalismo,* n. 1, 2010.

LENZA, Pedro. *Direito constitucional esquematizado.* 15. ed. rev. atual. e ampl. São Paulo: Saraiva, 2011.

LIMA, Júlio Geraldes de Oliveira. Aviso-prévio — proporcionalidade. *Jornal Trabalhista Consulex,* São Paulo, n. 891, p. 20, nov. 2001.

LUDWIG, Guilherme Guimarães. Abordagem constitucional do aviso-prévio proporcional. *LTr: Legislação do Trabalho,* v. 76, n. 1, p. 65-71, jan. 2012.

MOTTA, Domingos. Disponível em: <http://www.luso-poemas.net/modules/news/article.php?storyid=236258#ixzz2InaoIBvC>. Acesso em: 1º.1.2013.

MAGANO, Octavio Bueno. *Manual de direito do trabalho:* direito individual do trabalho. São Paulo: LTr, 1981. v. 11.

______. *Primeiras lições de direito do trabalho.* 3. ed. São Paulo: RT, 2003.

MAIOR, Jorge Luiz Souto. *O direito do trabalho como instrumento de justiça social.* São Paulo: LTr, 2000.

MALLET, Estêvão. Aplicação no tempo da nova lei sobre aviso-prévio proporcional. *LTr: Legislação do Trabalho,* v. 76, n. 1, p. 1312-1319, nov. 2011.

MANUS, Pedro Paulo Teixeira. *Direito do trabalho.* 9. ed. São Paulo: Atlas, 2005.

MARTINEZ, Luciano. *Curso de direito do trabalho:* relações individuais e coletivas do trabalho. São Paulo: Saraiva, 2010.

MARTINI, Marcus de. John Dome: considerações sobre vida e obra. *Fragmentos,* n. 33, p. 121-137, Florianópolis, jul./dez. 2007.

MARTINS, Sergio Pinto. Aviso-prévio proporcional ao tempo de serviço. *LTr: Legislação do Trabalho,* v. 76, n. 1, p. 59-64, jan. 2012.

______. *Comentários à CLT.* 11. ed. 2. reimp. São Paulo: Atlas, 2007.

______. *Comentários a CLT.* São Paulo: Atlas, 2000.

______. *Direito do trabalho.* 17. ed. São Paulo: Atlas, 2003.

MARTINS NETTO, Modestino. *Manual de aviso-prévio.* 1. ed. Rio de Janeiro: Edições Trabalhistas, nov. 1972.

MAXIMILIANO, Carlos. *Hermenêutica jurídica*. Rio de Janeiro: Forense, 2003.

MELINE, Jules. *Le retour à la terre et la superproduction industrielle*. 4. ed. Paris: Librarie Hachette et Cie, 1906.

MENTOR, Joaquim. *Aplicação imediata da Lei n. 12.506 ao aviso-prévio em curso e outras controvérsias*. Disponível em: <http://joaquimmentor.blogspot.com.br/2011/11/aplicacao-imediata-da-lei-n-12506-ao.html> Acesso em: 12.2012.

MORAES, Alexandre de. *Direito constitucional*. 19. ed. São Paulo: Atlas, 2006.

MONTEIRO, Carlos Augusto M. de O.; CREMONESI, André. Aviso-prévio proporcional: questões polêmicas. *LTr: Suplemento Trabalhista*, 128/11, São Paulo, ano 47, p. 643, 2011.

NASCIMENTO, Amauri Mascaro. *Curso de direito do trabalho*. 17. ed. São Paulo: Saraiva, 2001.

______. *Curso de direito do trabalho*. 18. ed. São Paulo: Saraiva, 2003.

______. *Direito do trabalho na Constituição Federal de 1988*. São Paulo: Saraiva, 1989.

NASCIMENTO, Amauri Mascaro; MASSONI, Túlio de Oliveira. O aviso-prévio proporcional. *LTr: Legislação do Trabalho*, v. 76, n. 1,p. 7-22, jan. 2012.

NEVES JUNIOR, Leonardo Ferreira; PAIVA, Luís Henrique; ANTUNES, Marcos Maia. Comportamento do PIB e geração de emprego no Brasil: uma análise para os anos recentes. *Conjuntura social*. Brasília: MPAS, ACS, 1997.

OLIVEIRA, Antônio Carlos A. O pagamento por falta de aviso-prévio numa perspectiva lógico-jurídica. *Revista LTr*, São Paulo, n. 4, p. 424-429, abr. 1991.

OLIVEIRA, Nielmar. *Aviso-prévio proporcional desestimulará criação de emprego formal, diz economista da Firjan*. Reportagem veiculada na <EBChttp://agenciabrasil.ebc.com.br/noticia/2011-09-22/aviso-previo-proporcional-desestimulara-criacao-de-emprego-formal-diz-economista-da-firjan>.

PAULA, Carlos Alberto Reis de. *O aviso-prévio*. São Paulo: LTr, 1988.

PASTORE, José. Empregos e encargos sociais. *Jornal da Tarde*, 9.2.1994.

PIMPÃO, Hirosê. *Aviso-prévio*. Rio de Janeiro: José Konfino, 1958.

PINTO, José Augusto Rodrigues. O aviso-prévio na doutrina de Catharino. *Revista do Trabalho*, São Paulo, n. 55, p. 38-50, maio/jun. 1985.

______; PAMPLONA FILHO, Rodolfo. *Repertório de conceitos trabalhistas*. São Paulo: LTr, 2000. v. 1: direito individual.

PIOVESAN, Flávia. *Direitos humanos e justiça internacional*. São Paulo: Saraiva, 2008.

POLANYI, Karl. *A Grande transformação. As origens da nossa época*. 2. ed. Rio de Janeiro: Campus, 2000.

PROSCURSIN, Pedro. Aviso-prévio — evolução e disciplina legal. *Revista LTr*, São Paulo, v. 63, n. 11, p. 1477, nov. 1999.

REALE, Miguel. *A boa-fé no código civil.* 2003. Disponível em: <http://www.miguelreale.com.br/artigos/boafe.htm>. Acesso em: 31.10.2012.

______. *O estado democrático de direito e o conflito das ideologias.* São Paulo: Saraiva, 1988.

RIFKIN, Jeremy. *O fim dos empregos.* São Paulo: Makron Books, 1996.

RIBEIRO, Lélia Guimarães Carvalho. *Natureza jurídica do aviso-prévio.* São Paulo: LTr, 1995.

ROMITA, Arion Sayão. Compensação não é proteção. *Revista LTr: Legislação do Trabalho,* v. 76, n. 1, p. 18, jan. 2012.

SABADELL, Ana Lúcia. *Manual de sociologia jurídica, introdução a uma leitura externa do direito.* 2. ed. São Paulo: Revista dos Tribunais, 2002.

SILVA, Antônio Alvares da. A nova lei do aviso-prévio. *Revista LTr: Legislação do Trabalho,* v. 76, n. 1, p. 23-33, jan. 2012.

SILVA, Fabio Henrique Monteiro. Narrar o passado, pensar no presente: fazer a história. *Ciências Humanas em Revista,* v. 6, n. 1, São Luís, 2008.

REALE, Miguel. *O estado democrático de direito e o conflito das ideologias.* São Paulo: Saraiva, 1998.

______. *O estado democrático de direito e o conflito das ideologias.* São Paulo: Saraiva, 1998.

RIPPER, Walter Willian. Aviso-prévio proporcional: estudos das suas concepções e da constitucionalidade do inciso I, do art. 487 da CLT. Disponível em: <http://www.advocaciaripper.com.br/>. Acesso em: 12.12.2012.

ROCHA, José Eloy da. *A extinção do contrato de trabalho no direito brasileiro.* Porto Alegre: Livraria do Globo, 1938.

ROMITA, Arion Sayão. Compensação não é proteção. *Revista LTr Legislação do Trabalhador,* São Paulo, v. 76, n. 1, p. 18, jan. 2012.

RUSSOMANO. Mozart Vitor. *Comentários à CLT.* Rio de Janeiro: Freitas Bastos, 1953.

______. *O aviso-prévio no direito do trabalho.* Rio de Janeiro: José Kofino, 1961.

SÜSSEKIND, Arnaldo *et al. Instituições de direito do trabalho.* 10. ed. ampl. e atual. Rio de Janeiro: Freitas Bastos, 1987.

______. *Instituições de direito do trabalho.* 22. ed. atual. por Arnaldo Süssekind e João de Lima Teixeira Filho. São Paulo: LTr, 2005.

______. *Direito constitucional do trabalho.* 2. ed. atual. e ampl. Rio de Janeiro: Renovar, 2001.

TREVISAN, Marco Antonio. *Teoria geral do contrato. Extinção dos contratos.* Disponível em: <http://intervox.nce.ufrj.br/nballin/ext.doc>. Acesso em: 24.12.2012.

VARGAS, Luiz Alberto. *Aviso-prévio proporcional.* Disponível em: <www.ajd.org.br/artigos_ver.php?idConteudo=64>. Acesso em: 10.10.2012.

VIEIRA, José Carlos. O direito como fato social. *Semina: Ciências Sociais e Humanas,* Londrina, v. 9, n. 1, jan./jun. 1988.

Anexos

Anexo A

Codigo Commercial do Imperio do Brazil – Annotado com toda Legislação do Paíz que lhe é Pertinente pelo Desembargador Salustiano Orlando de Araujo Costa

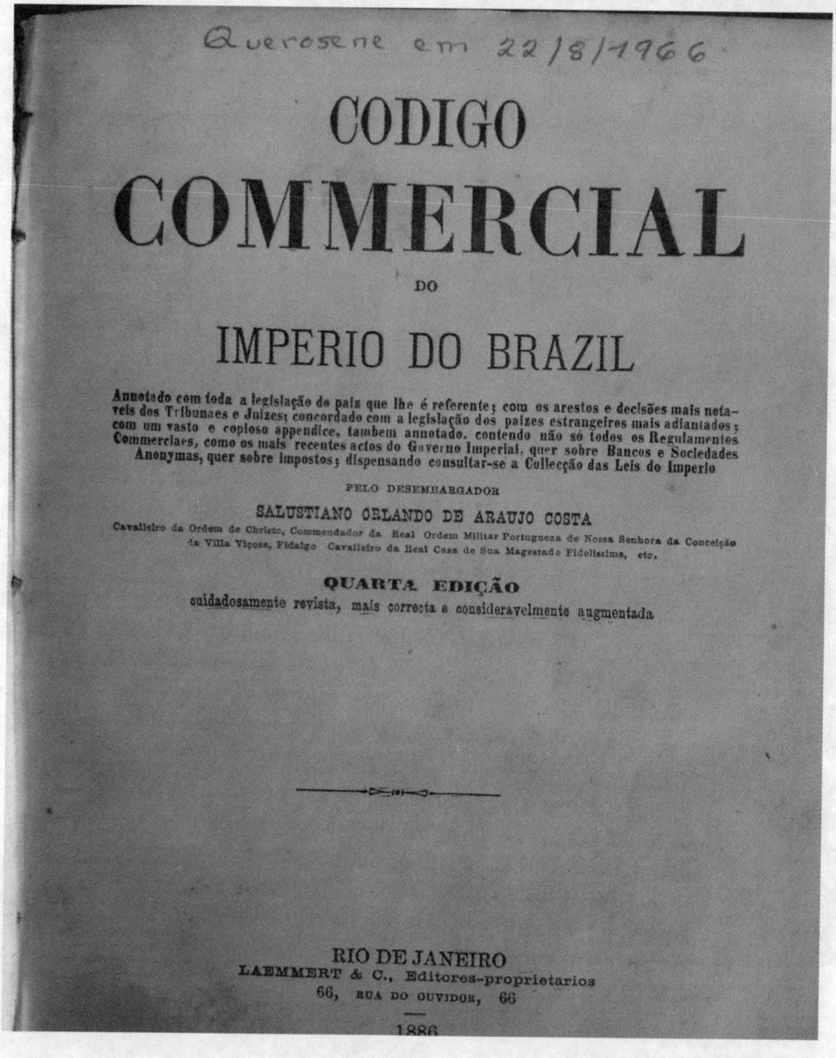

Querosene em 22/8/1966

CODIGO

COMMERCIAL

DO

IMPERIO DO BRAZIL

Annotado com toda a legislação do paiz que lhe é referente; com os arestos e decisões mais nota-
veis dos Tribunaes e Juizes; concordado com a legislação dos paizes estrangeiros mais adiantados;
com um vasto e copioso appendice, tambem annotado, contendo não só todos os Regulamentos
Commerciaes, como os mais recentes actos do Governo Imperial, quer sobre Bancos e Sociedades
Anonymas, quer sobre impostos; dispensando consultar-se a Collecção das Leis do Imperio

PELO DESEMBARGADOR

SALUSTIANO ORLANDO DE ARAUJO COSTA

Cavalleiro da Ordem de Christo, Commendador da Real Ordem Militar Portugueza de Nossa Senhora da Conceição da Villa Viçosa, Fidalgo Cavalleiro da Real Casa de Sua Magestade Fidelissima, etc.

QUARTA EDIÇÃO

cuidadosamente revista, mais correcta e consideravelmente augmentada

RIO DE JANEIRO

LAEMMERT & C., Editores-proprietarios

66, RUA DO OUVIDOR, 66

1886

Os agentes despedidos terão direito ao salario correspondente a esse mez; mas o preponente não será obrigado a conserva-los no seu serviço.[133]

Art. 82. Havendo um termo estipulado, nenhuma das partes poderá desligar-se da convenção arbitrariamente; pena de ser obrigada a indemnizar a outra dos prejuizos que por este facto lhe resultem, a juizo de arbitradores.[134]

Art. 83. Julgar-se-ha arbitraria a inobservancia da convenção por parte dos prepostos, sempre que se não fundar em injuria feita pelo preponente á seguridade, honra ou interesses seus ou de sua familia.[135]

Art. 84. Com respeito aos preponentes, serão causas sufficientes para despedir os prepostos, sem embargo de ajuste por tempo certo:

I. As causas referidas no art. precedente:

II. Incapacidade para desempenhar os deveres e obrigações a que se sujeitárão:

III. Todo o acto de fraude ou abuso de confiança:

IV. Negociação por conta propria ou alheia, sem permissão do preponente.[136]

Art. 85. Os prepostos não podem delegar em outrem, sem autorização por escripto dos preponentes, quaesquer ordens ou encargos que delles tenhão recebido; pena de responderem directamente pelos actos dos substitutos e pelas obrigações por elles contrahidas.[137]

Art. 86. São applicaveis aos feitores as disposições do Tit. VI— DO MANDATO MERCANTIL, arts. 145, 148, 150, 151, 160, 161 e 162.

CAPITULO V

Dos trapicheiros e administradores de armazens de deposito

Art. 87. Os trapicheiros e os administradores de armazens de deposito são obrigados a assignar no Tribunal do Commercio, ou perante

Nota 133

Cit. Ass. n. 7.

Concordancia.—Cods. Comms. arts.: Port. 169; Hesp. 196; Arg. 158; Or. 158.

Nota.—Confessada a prestação de serviços e a falta de ajuste prévio, outra não póde ser a decisão que a condemnação do réo a pagar, como herdeiro, o que na execução se liquidar, correspondente á salario de caixeiro: Acc. da Rel. da Côrte de 7 de Março de 1876.—*Rev*. (Espozel) de Março de 1876, pag. 57—*Rev*. cit. de Setembro do mesmo anno, pag. 189.

Nota 134

Reg. n. 737, art. 189.

Concordancia.—Cods. Comms. arts.: Port. 164; Hesp. 197; Arg. 159; Or. 159.

Nota 135

Concordancia.—Cods. Comms. arts.: Port. 165; Hesp. 198; Arg. 160; Or. 160.

Nota 136

Concordancia.—Cods. Comms. arts.:

ANEXO B
NOTA TÉCNICA N. 184, 2012

Secretaria de Relações do Trabalho
Coordenação-Geral de Relações do Trabalho

REFERÊNCIA: Processo nº. 46034.000170/2011-69
INTERESSADO: Assessoria Parlamentar
ASSUNTO: Lei nº 12.506, de 11 de outubro de 2011

NOTA TÉCNICA Nº 184 2012/CGRT/SRT/MTE

I. Introdução

Com advento da Lei 12.506, de 11 de outubro de 2011, publicada no Diário Oficial da União de 13/10/2011, que trata do aviso prévio proporcional, esta Secretaria, diariamente é demandada a esclarecer quanto aos procedimentos a serem adotados pelos empregadores e empregados nas rescisões de contrato de trabalho.

Em princípio esta Secretária expediu o Memorando Circular n.º 10 de 2011, com o fito de orientar as Superintendências quanto aos procedimentos a serem adotados pelos servidores das Relações do Trabalho que exercem atividades relativas à assistência a homologação das rescisões de contrato de trabalho. Entretanto, passados seis meses da publicação da lei, diversos estudos, debates e discussões foram realizados acerca do tema. Dessa forma, a Secretaria observou a necessidade de apresentar a presente nota técnica sobre o tema em questão, com os seguintes posicionamentos:

II. Análise

1. Da aplicação da proporcionalidade do aviso prévio em prol exclusivamente do trabalhador

Com base no art. 7º, XXI da Constituição Federal, entendemos que o aviso proporcional é aplicado somente em benefício do empregado.

Página 1 de 8
7 de maio de 2012

O entendimento acima se fundamenta no fato de que durante o trâmite do projeto de lei, fica evidenciado o intuito do poder legiferante em regular o disposto no referido dispositivo. Ora, o dispositivo citado é **voltado estritamente em benefício dos trabalhadores, sejam eles urbanos, rurais, avulsos e domésticos.**

Ademais, o art. 1º da Lei 12.506/11, é de clareza solar e não permite margem a interpretação adversa, uma vez que diz que será concedida a proporção aos empregados:

> *Art. 1º O aviso prévio, de que trata o Capítulo VI do Título IV da Consolidação das Leis do Trabalho - CLT, aprovada pelo Decreto-Lei nº 5.452, de 1º de maio de 1943, será concedido na proporção de 30 (trinta) dias* ***aos empregados*** *que contem até 1 (um) ano de serviço na mesma empresa.*

2. Do lapso temporal do aviso em decorrência da aplicação da regra da proporcionalidade

O aviso prévio proporcional terá uma variação de 30 a 90 dias, conforme o tempo de serviço na empresa. Dessa forma, todos os empregados terão no mínimo 30 dias durante o primeiro ano de trabalho, somando a cada ano mais três dias, devendo ser considerada a projeção do aviso prévio para todos os efeitos. Assim, o acréscimo de que trata o parágrafo único da lei, somente será computado **a partir do momento em que se configure uma relação contratual que supere um ano na mesma empresa.**

Neste ponto específico, após diversas conversações, esta Secretaria modificou o entendimento anterior oferecido por ocasião da confecção do Memorando Circular n.º 10 de 2011 (itens 5 e 6). Por isso, apresenta novo quadro demonstrativo, conforme abaixo:

Tempo de Serviço (anos completos)	Aviso Prévio Proporcional ao

	Tempo de Serviço (nº de dias)
0	30
1	33
2	36
3	39
4	42
5	45
6	48
7	51
8	54
9	57
10	60
11	63
12	66
13	69
14	72
15	75
16	78
17	81
18	84
19	87
20	90

3. Da projeção do aviso prévio para todos os efeitos legais

Ressaltamos que o aviso prévio proporcional será contabilizado no tempo de serviço do trabalhador para todos os efeitos legais.

Nesse sentido, a projeção será devidamente levada em consideração, na conformidade do §1º, do art. 487 e Orientação Jurisprudencial da Seção de Dissídios Individuais – I nº 367, do TST, respectivamente:

> *"Art. 487..................*
>
> *§1º A falta do aviso prévio por parte do empregador dá ao empregado o direito aos salários correspondentes ao prazo do aviso,* ***garantida sempre a integração desse período no seu tempo de serviço.*** *" (grifamos)*

"OJ 367. Aviso prévio de 60 dias. Elastecimento por norma coletiva. Projeção. Reflexos nas parcelas trabalhistas. O prazo de aviso prévio de 60 dias, concedido por meio de norma coletiva que silencia sobre alcance de seus efeitos jurídicos, ***computa-se integralmente como tempo de serviço, nos termos do §1º do art. 487 da CLT, repercutindo nas verbas rescisórias."*** *(grifamos)*

4. Da impossibilidade de acréscimo ao aviso prévio em proporcionalidade inferior a três dias

Oportuno ainda ressaltar, que diante do disposto no parágrafo único do art. 1º da Lei em comento, pode nascer dúvida quanto à possibilidade de o acréscimo ao aviso prévio ser concedido inferior a três dias. Nessa hipótese, entende-se que tal compreensão não deve prosperar, uma vez que o regramento trazido pela lei não possibilitou tal hipótese.

5. Da impossibilidade de aplicação retroativa da Lei 12.506/11 e o Princípio da Segurança Jurídica

Temos no ordenamento jurídico o princípio do ato jurídico perfeito, insculpido no inciso XXXVI, do artigo 5º, da Constituição Federal de 1988, que consagra: "*a lei não prejudicará o direito adquirido, o ato jurídico perfeito e a coisa julgada*". Portanto, constitui ato jurídico perfeito o aviso prévio concedido na forma da lei aplicável à época da sua comunicação.

Também é princípio constitucional no Direito Brasileiro, o da legalidade, segundo qual, "*ninguém será obrigado a fazer ou deixar de fazer alguma coisa senão em virtude de lei*", garantido no inciso II, do artigo 5º da Constituição Federal, motivo pelo qual ao conceder o aviso prévio sob a vigência da lei anterior, o empregador não estava compelido a regramentos futuros ainda não vigentes.

Temos ainda no ordenamento jurídico pátrio, o Princípio *tempus regit actum*. Segundo este postulado, entende-se que a lei do tempo do ato jurídico é a que deve reger a relação estabelecida. Demais disso, é cediço que a lei não pode modificar uma situação já consolidada por lei anterior, salvo no caso de autorização expressa, o que não ocorre no presente caso.

Ademais, o art. 2º da norma informa que suas disposições entraram em vigor na data de sua publicação, ou seja, a partir de 13 de outubro do corrente ano. Dessa forma, os seus efeitos serão percebidos a partir de tal data, não havendo a possibilidade de se aplicar o conteúdo da norma para avisos prévios já iniciados. Desta feita, segue-se **a regra de que é do recebimento da comunicação do aviso que se estabelece os seus efeitos jurídicos**.

De mais a mais, não se desconhece o conteúdo do Parecer nº 570/2011/CONJUR-MTE/CGU/AGU, que sustenta ser a proporcionalidade incidente tanto sobre os avisos prévios firmados a partir da data da vigência da Lei nº 12.506/11, quanto em relação aos avisos prévios em curso naquela data. Porém, por se tratar de matéria de alto grau de complexidade, pugna-se pela manutenção do entendimento atual desta Secretaria, enquanto nenhum posicionamento se configure como majoritário.

6. A Lei 12.506/11 e o disposto no art. 488 da CLT

Outra dúvida que se apresenta, é acerca da aplicação da proporcionalidade ao disposto no art. 488 da Consolidação das Leis do Trabalho - CLT, *in verbis*:

> *Art. 488 - O horário normal de trabalho do empregado, durante o prazo do aviso, e se a rescisão tiver sido promovida pelo empregador, será reduzido*

> *de 2 (duas) horas diárias, sem prejuízo do salário integral.*
>
> *Parágrafo único - É facultado ao empregado trabalhar sem a redução das 2 (duas) horas diárias previstas neste artigo, caso em que poderá faltar ao serviço, sem prejuízo do salário integral, por 1 (um) dia, na hipótese do inciso I, e por 7 (sete) dias corridos, na hipótese do inciso II do art. 487 desta Consolidação. (Incluído pela Lei nº 7.093, de 25.4.1983)*

O dispositivo acima trata do cumprimento de jornada reduzida ou faculdade de ausência no trabalho durante o aviso prévio. Todavia, a lei n.º 12.506/2011 em nada alterou sua aplicabilidade, pois que nenhum critério de proporcionalidade foi expressamente regulado pelo legislador. Assim, **continuam em vigência redução de duas horas diárias, bem como a redução de 7 (sete) dias durante todo o aviso prévio.**

Mais uma vez, não se desconhece o entendimento do Parecer nº 570/2011/CONJUR-MTE/CGU/AGU na questão, que defende a revogação da aplicação do parágrafo único do art. 488 da CLT, para os empregados com direito ao aviso prévio com duração superior a trinta dias. Entretanto, em que pese o respeito por esse ângulo de visão, tem-se que o melhor posicionamento na questão é exposto pela Nota Técnica nº 35/2012/DMSC/GAB/SIT. Assim, para a Secretaria de Inspeção do Trabalho, tese a qual esta Secretaria já defendia por ocasião da assinatura do Memorando Circular n.º 10 de 2011, o trabalhador poderá optar pela hipótese mais favorável entre as oferecidas pelo parágrafo único do art. 488 da CLT quando da hipótese de aviso prévio proporcional.

7. A Lei 12.506/11 e o disposto no art. 9º da Lei 7.238/84

Por derradeiro, no que tange à indenização devida ao trabalhador no caso de dispensa ocorrida nos 30 dias que antecedem a data-base da categoria, prevista no art. 9º da Lei n.º 7.238, de 29.10.1984, que assim dispõe:

> *"Art. 9º – O empregado dispensado, sem justa causa, no período de 30 (trinta) dias que antecede a data de sua correção salarial, terá direito à indenização adicional equivalente a um salário mensal, seja ele optante ou não pelo Fundo de Garantia do Tempo de Serviço – FGTS."*

Na hipótese, compreende-se que o aviso prévio proporcional deverá ser observado em sua integralidade para a verificação da hipótese. Desta feita, a lei sob comento, não alterou esse entendimento. Assim, **recaindo o término do aviso prévio proporcional nos trinta dias que antecedem a data base, faz jus o empregado despedido à indenização prevista na lei 7.238/84.**

III. Conclusão

Em síntese, estes são os entendimentos que submete-se à consideração superior para fins de aprovação:

1) a lei **não poderá** retroagir para alcançar a situação de aviso prévio já iniciado;

2) a proporcionalidade de que trata o parágrafo único do art. 1º da norma sob comento aplica-se, **exclusivamente**, em benefício do empregado;

3) o acréscimo de 3 (três) dias por ano de serviço prestado ao mesmo empregador, computar-se-á a partir do momento em que a relação contratual **supere um ano na mesma empresa**;

4) a jornada reduzida ou a faculdade de ausência no trabalho, durante o aviso prévio, previstas no art. 488 da CLT, não foram alterados pela Lei 12.506/11;

5) A projeção do aviso prévio integra o tempo de serviço para todos os fins legais;

6) recaindo o término do aviso prévio proporcional nos trinta dias que antecedem a data base, faz jus o empregado despedido à indenização prevista na lei nº 7.238/84; e

7) as cláusulas pactuadas em acordo ou convenção coletiva que tratam do aviso prévio proporcional deverão ser observadas, desde que respeitada a proporcionalidade mínima prevista na Lei nº 12.506, de 2011.

ÉDER BARBOSA RAMOS
Agente Administrativo

De acordo.
Encaminha-se a Senhora Secretária de Relações do Trabalho, para apreciação.

Brasília, 07 de maio de 2012.

ANDRÉ LUIS GRANDIZOLI
Secretário-Adjunto da Secretaria das Relações do Trabalho

Aprovo o conteúdo da **NOTA TÉCNICA Nº** 184 **/2012/CGRT/SRT/MTE.**
Encaminhe-se cópia desta às Seções de Relações do Trabalho para conhecimento e providências. Dê-se ciência aos integrantes do Conselho de Relações do Trabalho.

Brasília, 07 de maio de 2012.

ZILMARA DAVID DE ALENCAR
Secretária de Relações do Trabalho

ANEXO C
NOTA TÉCNICA — FIESP

OUTUBRO DE 2011

NOTA TÉCNICA

AVISO PRÉVIO PROPORCIONAL

A Lei 12.506/11, publicada no Diário Oficial da União do dia 13 de outubro de 2011, amplia o aviso prévio dos atuais 30 dias para até 90 dias. Esta nota tem por objetivo esclarecer os aspectos práticos da aplicação desta Lei. Emitimos este posicionamento de imediato, por estar a Lei em vigor e os empregadores obrigados a zelar pela sua aplicação.

É importante ressaltar que devemos acompanhar o desenvolvimento da jurisprudência que poderá confirmar ou mesmo divergir no todo ou em parte.

:: TEXTO LEGAL

LEI Nº 12.506, DE 11 DE OUTUBRO DE 2011

"Art. 1º O aviso prévio, de que trata o Capítulo VI do Título IV da Consolidação das Leis do Trabalho – CLT, aprovada pelo Decreto-Lei no 5.452, de 1º de maio de 1943, será concedido na proporção de 30 (trinta) dias aos empregados que contem até 1 (um) ano de serviço na mesma empresa.

Parágrafo único. Ao aviso prévio previsto neste artigo serão acrescidos 3 (três) dias por ano de serviço prestado na mesma empresa, até o máximo de 60 (sessenta) dias, perfazendo um total de até 90 (noventa) dias.

Art. 2º Esta Lei entra em vigor na data de sua publicação.
Brasília, 11 de outubro de 2011; 190º da Independência e 123º da República."

:: PERGUNTAS E RESPOSTAS

1) AS NOVAS REGRAS DO AVISO PRÉVIO PODEM SER APLICADAS A CASOS ANTERIORES À VIGÊNCIA DA LEI?

Não, pois a lei não retroage e respeita o ato jurídico perfeito, o direito adquirido e a coisa julgada. As rescisões ocorridas e/ou comunicadas antes da nova lei se enquadram nessa situação. A lei nova somente se aplica a situações jurídicas presentes e futuras. No caso desta lei, sua vigência se iniciou no momento de sua publicação, ou seja, em 13 de outubro de 2011.

Segundo o principio da legalidade, reconhecido no inciso II do art. 5º da Constituição Federal, "ninguém será obrigado a fazer ou deixar de fazer alguma coisa senão em virtude de lei", portanto, antes desta lei estava em vigor a CLT, que previa 30 dias de aviso prévio. Embora o trabalhador tenha garantido o direito de ingressar na justiça para fazer este questionamento, pela jurisprudência atual, não teria êxito, pois é pacífico o entendimento do Poder Judiciário com relação à impossibilidade de a lei retroagir para alcançar situações anteriores à sua vigência.

Caso os trabalhadores ingressem na Justiça pleiteando o aviso prévio superior a 30 dias para rescisões de contrato de trabalho que foram consumados e/ou comunicados anteriormente à vigência da nova Lei, haveria somente os seguintes efeitos práticos:

.: o aumento injustificado de ações no Poder Judiciário que terminou o ano de 2010 com 83,4 milhões de processos em andamento.

.: sobrecarga de trabalho para os magistrados do trabalho e custo adicional para o Poder Judiciário.

.: custo extra para as empresas com advogados e, em despesas administrativas, para o acompanhamento desses processos.

.: incentivo à conflitualidade entre ex-empregados e ex-empregadores, pois o trabalhador poderá ficar com a falsa idéia de que tem um "direito" que não foi reconhecido e pago pelo seu ex-empregador.

Assim, o incentivo ao contencioso trabalhista neste tema não contribui para a celeridade processual e para os valores sociais do trabalho e da livre iniciativa.

2) QUAL A REGRA PARA SE AMPLIAR O AVISO PRÉVIO DE 30 PARA 90 DIAS?

Para quem tem até um ano de serviço, não houve modificação. A Lei estabelece que o aviso prévio para o primeiro ano é de 30 dias e, para cada ano de serviço adicional, deve-

-se somar 3 dias, sendo que o limite máximo do aviso prévio, somando-se os adicionais por tempo de serviço, é de 90 dias.

Por outro lado, a Lei não prevê qualquer regra de proporcionalidade e estabelece que o direito é criado a cada ano de serviço prestado. Ou seja, a Lei não trata de "ano calendário". Trata de "ano de serviço prestado na mesma empresa". A cada 12 meses de serviço prestado na mesma empresa após o primeiro ano, surge o direito daquele determinado empregado a um acréscimo de 3 dias.

Conclui-se, portanto, que, quando se completa o segundo ano de serviço prestado, passa-se a ter direito 33 dias (30 e o adicional de 3 dias). Como a lei trata de ano completo e não prevê fração, até se completar 2 anos, deve-se pagar 30 dias. A mesma fórmula de cálculo é válida para os anos subsequentes.

Com esta nova regulamentação, as partes (empregado em caso de pedido de demissão e empregador nas demissões sem justa causa) devem pré-avisar a outra na seguinte proporção:

ANOS COMPLETOS TRABALHADOS	AVISO PRÉVIO
1*	30
2	33
3	36
4	39
5	42
6	45
7	48
8	51
9	54
10	57
11	60
12	63
13	66
14	69
15	72
16	75
17	78
18	81
19	84
20	87
21	90

**Devido também em períodos inferiores a um ano, conforme a prática anterior à nova Lei, por ser o mínimo legal de 30 dias.*

3) QUAL A REGRA PARA OS EMPREGADOS QUE ESTAVAM CUMPRINDO O AVISO PRÉVIO NO DIA QUE A LEI ENTROU EM VIGOR?

Se o comunicado do aviso prévio ocorreu até o dia 12 de outubro de 2011, deve ser considerado como ato jurídico perfeito. Neste caso, não se aplica a nova regra, pois seria uma situação de retroatividade da lei, afinal, o ato se consuma com o comunicado.
A lei que rege a duração do aviso prévio é aquela vigente ao tempo de sua comunicação. Caso haja recusa na homologação dessas rescisões pelo sindicato, pode-se fazer uma ação de consignação em pagamento para resguardar a empresa.

4) QUAL A REGRA PARA O AVISO PRÉVIO DADO PELO EMPREGADO NO PEDIDO DE DEMISSÃO?

A nova Lei se aplica aos empregadores e aos empregados. Se a iniciativa da demissão é do empregado, cabe a ele cumprir o aviso prévio proporcional ao tempo de serviço conforme previsto na Lei. Se a iniciativa for do empregador e sendo sem justa causa, a empresa deve aplicar ou indenizar o aviso.

5) QUAIS AS INCIDÊNCIAS PARA O CÁLCULO DA RESCISÃO NO CASO DO AVISO PRÉVIO SUPERIOR A 30 DIAS?

O aviso prévio proporcional ao tempo de serviço trabalhado, ainda que indenizado, integra o contrato de trabalho, sendo considerada a data da rescisão do contrato aquela em que finda o cumprimento ou a projeção do aviso. Portanto, deve-se calcular entre outros, férias, décimo-terceiro salário e reajuste normativo até aquela data.

6) NA RESCISÃO PROMOVIDA PELO EMPREGADOR, MANTÉM-SE A POSSIBILIDADE DE REDUÇÃO DE 2 HORAS DA JORNADA DIÁRIA OU A AUSÊNCIA POR 7 DIAS CORRIDOS SEM PREJUÍZO DO SALÁRIO?

Sim. A nova Lei não alterou o artigo 488 da CLT.

7) SE A EMPRESA JÁ PRATICAVA O AVISO PRÉVIO PROPORCIONAL COM MAIS DE 30 DIAS POR FORÇA DE LIBERALIDADE, ACORDO OU CONVENÇÃO COLETIVA OS PRAZOS ADICIONAIS AOS 30 DIAS SE ACUMULAM OU PODEM SER COMPENSADOS?

A obrigação legal é a de se aplicar o prazo da Lei. Não se acumulam os prazos adicionais, mas podem ser compensados.

8) A EMPRESA PODE CONCEDER POR LIBERALIDADE OU POR FORÇA DE NEGOCIAÇÃO COLETIVA PERÍODO DE AVISO PRÉVIO SUPERIOR AO PREVISTO NA LEI?

A Lei prevê um patamar mínimo que pode ser ampliado por negociação coletiva ou liberalidade.

9) A PROPORCIONALIDADE PREVISTA NA LEI PODE SER REDUZIDA ATRAVÉS DE NEGOCIAÇÃO COLETIVA?

Entendemos que o acordo ou convenção coletiva de trabalho poderá reduzir este prazo desde que, no conjunto da negociação, fique evidenciado que o processo levou em consideração o interesse da categoria.

— 4

Diante da jurisprudência existente, trata-se de tema com certa insegurança jurídica e que poderá ser submetido à apreciação do Poder Judiciário Trabalhista, que poderá levar ou não em consideração a teoria do conglobamento e alguns princípios constitucionais como o do pleno emprego.

10) QUAL A REGRA PARA A INDENIZAÇÃO PELA DEMISSÃO NOS 30 (TRINTA) DIAS QUE ANTECEDEM A DATA-BASE (ART. 9º DA LEI Nº 6.708/79)?

Não houve mudança nesse sentido, continua valendo o trindídio. O que deve ser considerado é o término da projeção do aviso prévio de cada empregado, variando apenas os dias totais do aviso prévio, que pode ser de 30 a 90 dias.

Expediente:

Federação das Indústrias do Estado de São Paulo – FIESP
Presidente: Paulo Skaf

Departamento Sindical – Desin

Anexo D
Quadro Comparativo dos Principais Posicionamentos Doutrinários

AVISO-PRÉVIO PROPORCIONAL (AVP)					
Divergências/ Autores	**Irani Ferrari e Melchíades Rodrigues Martins**	**Amauri Mascaro Nascimento**	**Antônio Álvares da Silva**	**Sergio Pinto Martins**	**Guilherme Guimarães Ludwig**
Aviso-prévio proporcional		É o direito à contagem do tempo de serviço em um emprego para o fim de determinar o número de dias que o empregador, quando despedir sem justa causa, terá que pré-avisar ou pagar a esse título ao empregado.			
Consideração ou não do tempo de serviço anterior à Lei n. 12.506/11		Não. FUNDAMENTOS: *1)* antes da lei, o AVP era direito inexistente (com ressalva em relação às categorias que o disciplinaram em norma coletiva). *2)* A consideração do tempo anterior representa retroatividade da	Sim. FUNDAMENTO: *1)* antes da lei, o direito ao AVP já existia. A Lei n. 12.506/11 apenas tornou-o disponível e exercitável. *2)* O AVP está previsto em norma constitucional de eficácia contida. *3)* A consideração do tempo de serviço anterior à lei	Sim (o autor não enfrenta o tema, mas parte da premissa da consideração do tempo anterior à lei).	

		lei, pois a lei posterior está criando efeitos distintos para fatos a ela anteriores. *3)* Para o STF, o tempo de serviço deve ser qualificado pela norma em vigor à época da prestação de serviços (conforme julgados sobre serviço público e aposentadoria especial), a não ser que haja previsão expressa para a retroatividade da Lei.	NÃO é hipótese de retroação. Diz respeito à possibilidade de exercício de um direito já existente (nascimento da pretensão).		
O AVP incide em rescisões já quitadas?	Não enfrenta a questão diretamente, mas dá a entender que não incide, pois dispõe pela irretroatividade da lei e pela proteção do ato jurídico perfeito.		Sim. FUNDAMENTO: *1)* O direito é preexistente. A Lei n. 12.506/11 apenas o tornou exercitável processualmente. *2)* Ao torná-lo exercitável, a lei abarcou todos os trabalhadores abrangidos pelo seu objeto (AVP), mesmo em relação àqueles com rescisão quitada. *3)* O empregado não poderia dar quitação acerca de direito que — até a edição da Lei n. 12.506/11 — não poderia ser exercido. *4)* A ação acerca do AVP nasceu com a vigência da Lei n. 12.506/11 e se estende pelo prazo prescricional	Não. FUNDAMENTO: *1)* A retroatividade é exceção e deve ser expressa, o que não consta da Lei n. 12.506/11. *2)* Os contratos extintos antes da Lei n. 12.506/11 são ato jurídico perfeito (ato já consumado segundo a lei vigente ao tempo em que se efetuou). *3)* O art. 912 da CLT prevê que os dispositivos de caráter imperativo terão aplicação imediata às relações	

			constitucional, ou seja, 2 (dois) anos para reclamar direitos, compreendidos os cinco anos anteriores. *5)* Não se pode atribuir ao empregado a perda de um direito constitucional para a qual não deu causa.	iniciadas, mas não consumadas.	
O AVP incide no caso da vigência da Lei n. 12.506/11 ocorrer no curso do aviso-prévio?			Sim. FUNDAMENTO: conforme art. 489, o aviso-prévio integra o contrato de trabalho para todos os fins.	Não. FUNDAMENTO: *1)* O aviso-prévio tem de ser observado de acordo com a lei vigente na data da dispensa. *2)* Conforme Súmula n. 371 do TST a projeção do aviso-prévio tem efeitos limitados às vantagens econômicas. *3)* A projeção do aviso-prévio para incidência da Lei n. 12.506/11 implicaria retroação da lei. *4)* Só as dispensas ocorridas após a vigência da Lei n. 12.506/11 serão por ela regidas.	Não. FUNDAMENTO: *1)* Por ser um direito potestativo, a consumação do aviso-prévio ocorre quando a comunicação é recebida pela parte contrária. *2)* Recebida a comunicação de dispensa/demissão, configura-se ato jurídico perfeito ("praticado um ato, ou consumada uma relação jurídica sob a égide de determinada lei, a posterior modificação da lei nada altera a certeza da relação jurídica já concluída"). *3)* Entender diferente seria admitir a retroatividade da lei.

O AVP também é um direito do empregador?	Não. FUNDAMENTOS: *1)* A Lei n. 12.506/11 direciona-se, expressamente, ao empregado. *2)* Tal direcionamento é confirmado pelo relator do projeto de lei. *3)* Para se entender diferente, a lei precisaria trazer disposição específica do empregador, o que não ocorreu.	Não. FUNDAMENTOS: *1)* A Lei n. 12.506/11 apenas dispõe que o benefício é devido ao empregado. *2)* O AVP está previsto da CF no rol de direitos do empregado. *3)* Memorando interno do MTE dispõe que a regra da proporcionalidade não se aplica ao trabalhador que pede demissão.	Sim. FUNDAMENTOS: *1)* A CLT tratou com igualdade as partes do contrato de trabalho, <u>em relação ao dever de conceder aviso-prévio</u>. *2)* A contagem de dias do AV não se modifica quando quem tem a obrigação é o empregador ou o empregado. *3)* A previsão da Lei de contagem do tempo de serviço a favor do empregado decorre do fato de o empregador não ter tempo de serviço a seu favor, já que possui a empresa. *4)* A visão protetiva do Direito do Trabalho deve ser enxergada como um todo e não em todas as suas relações particulares.	Não. FUNDAMENTOS: *1)* Letra da Lei n. 12.506/11, a qual ao prevê concessão da proporcionalidade ao empregado.	Não. FUNDAMENTOS: *1)* A finalidade do AVP está associada à proteção do emprego, direito que só assiste ao empregado. *2)* São do empregador os riscos da atividade econômica, inclusive quanto ao desfalque da mão de obra, sendo razoável o prazo já previsto na legislação.
O AVP modificou a regra do art. 488 da CLT? (sobre redução do horário e dias de trabalho para permitir ao empregado dispensado procurar outro emprego).		Não. FUNDAMENTO: O "aviso-prévio" e o "tempo para procura de emprego" são institutos independentes.	Sim. FUNDAMENTO: *1)* O art. 488, *caput*, da CLT prevê redução de jornada de trabalho *durante o prazo do aviso*. Sendo assim, se o AV for maior de 30 dias, também na mesma proporção deverão ser aumentados os dias em que o empregado	Não. FUNDAMENTO: *1)* A CLT prevê redução fixa da jornada para permitir ao empregado procurar o emprego. A CLT não foi idealizada para permitir a redução do horário	Não. FUNDAMENTO: *1)* Manutenção do texto do art. 488 da CLT. *2)* Não cabe ao intérprete alterar o número de dias de folga previsto na CLT, prevalecendo a presunção de

			pode faltar. Deve ser realizada uma regra de 3 simples.	de trabalho no aviso-prévio por mais de 30 dias. *2)* A modificação do artigo 488 da CLT dependeria de lei expressa.	constitucionalidade da regulamentação.
Possibilidade ou não de fracionamento do tempo de serviço para fins de AVP.	Impossibilidade FUNDAMENTO: letra da lei.	Impossibilidade. FUNDAMENTO: *1)* Ao prever "por ano de serviço", a lei deixa claro que é preciso completar o ano subsequente para ter direito ao AVP, pelo que devem ser desconsideradas as frações inferiores a um ano.	Impossibilidade (embora o Autor pondere ser possível que a jurisprudência interprete em contrário, fazendo analogia com o tratamento do tempo de serviço fracionado em matéria de férias e 13º salário). FUNDAMENTO: *1)* A literalidade da Lei n. 12.506/11.	Impossibilidade. FUNDAMENTO: letra da Lei n. 12.506/11.	Impossibilidade FUNDAMENTO: *1)* A Lei silencia quanto às frações de tempo de serviço inferiores a um ano. *2)* Sobre o aspecto, a proporcionalidade foi razoavelmente prevista pelo legislador, pelo que prevalece a presunção de legitimidade democrática dos agentes públicos eleitos no tocante à elaboração da norma.
Limitação do AVP a 90 dias				Constitucionalidade FUNDAMENTO: o Constituinte delegou ao legislador infraconstitucional a regulamentação do AVP, sendo possível que este estabeleça limites ao direito.	Inconstitucionalidade FUNDAMENTO: o legislador produziu uma contenção indevida do direito fundamental.

A Lei n. 12.506/11 aplica-se a trabalhadores domésticos?	Sim. FUNDAMENTO: a CF/88 igualou os direitos dos domésticos no tocante ao AVP.			Não. FUNDAMENTO: *1)* A Lei n. 12.506/11 utiliza o termo "empresa", o que permite concluir que não houve regulamentação do AVP da doméstica. *2)* Na relação de emprego doméstica, o vínculo de confiança é mais intenso, pelo que não teria sentido manter o empregado na residência por período superior a 30 dias.	Sim (por analogia). FUNDAMENTO: *1)* a CF/88 concede o direito ao AVP ao doméstico. *2)* A omissão do legislador infraconstitucional autoriza a aplicação, por analogia, da Lei n. 12.506/11 aos domésticos. *3)* Conforme normas da OIT, há um esforço para equiparação dos direitos dos domésticos aos demais empregados. *4)* Não há diferença relevante no trabalho doméstico que justifique um tratamento legal distinto do AVP em relação a tais empregados.

AVISO-PRÉVIO					
Orlando Gomes	**Alice Monteiro de Barros**	**Amauri Mascaro Nascimento**	**Antônio Álvares da Silva**	**Mauricio Godinho**	**Guilherme Guimarães Ludwig**
O aviso-prévio é uma comunicação, com natureza de declaração unilateral receptícia de vontade. O aviso-prévio torna-se uma ano jurídico perfeito quando a comunicação chega à outra parte.	É a "comunicação que uma parte faz à outra, avisando-lhe que pretende resilir o contrato de trabalho por prazo indeterminado".	Há 3 acepções: *comunicação. tempo* e *pagamento.*	Apenas a comunicação. "A real natureza do aviso-prévio é a vontade resilitiva das partes do contrato de trabalho, através de emissão de vontade à outra dirigida. Os prazos previstos na CLT e o pagamento não são essenciais."	O aviso-prévio tem tríplice caráter: comunicação, tempo e pagamento. "No Direito do Trabalho, é instituto de natureza multidimensional, que cumpre as funções de declarar à parte contratual adversa a vontade unilateral de um dos sujeitos contratuais no sentido de romper, sem justa causa, o pacto, fixando ainda prazo tipificado para a respectiva extinção, com o correspondente pagamento do período do aviso."	Não trata expressamente da questão, mas dá a entender que o aviso-prévio seria apenas o comunicado (haja vista que entende que o AV se consuma com o recebimento da comunicação pela parte contrária, sem mencionar prazos e pagamentos).
Luciano Martinez					
"[...] o aviso-prévio é uma declaração unilateral receptícia, assim identificada porque somente gera efeito quando o destinatário toma conhecimento de seu conteúdo." Disponível em: <http://jus.com.br/revista/texto/20566/reflexoes-sobre-o-aviso-previo-proporcional-ao-tempo-de-servico#ixzz1yWcNZAiE>.					

AVISO-PRÉVIO PROPORCIONAL				
TEMA	**1ª CORRENTE**	**2ª CORRENTE**	**MTE Nota técnica n. 184/12**	**POSIÇÃO QUE DEVERÁ PREVALECER**
O que é aviso-prévio?	É uma comunicação. (majoritária) Otávio Calvet, Alice Monteiro de Barros, Antônio Álvares, Luciano Martinez.	Tem 3 (três) acepções: comunicação, tempo e pagamento. Amauri Mascaro Nascimento e Godinho.		1ª corrente. O aviso-prévio é diferente dos seus efeitos.
Consideração ou não do tempo de serviço anterior à Lei n. **12.506/11**	Não. Amauri Mascaro Nascimento. FUNDAMENTOS: ***1)*** antes da lei, o AVP era direito inexistente (com ressalva em relação às categorias que o disciplinaram em norma coletiva). ***2)*** A consideração do tempo anterior representa retroatividade da lei, pois a lei posterior está criando efeitos distintos para fatos a ela anteriores. ***3)*** Para o STF, o tempo de serviço deve ser qualificado pela norma em vigor à época da prestação de serviços (conforme julgados sobre serviço público e aposentadoria especial), a não ser que haja previsão expressa para a retroatividade da Lei.	Sim (claramente majoritária) Antônio Álvares e outros. FUNDAMENTOS: ***1)*** Antes da lei, o direito ao AVP já existia. A Lei n. 12.506/11 apenas tornou-o disponível e exercitável. ***2)*** O AVP está previsto em norma constitucional de eficácia *contida*. ***3)*** A consideração do tempo de serviço anterior à lei NÃO é hipótese de retroação. Diz respeito à possibilidade de exercício de um direito já existente (nascimento da pretensão). ***4)* A** lei trabalhista tem, via de regra, aplicação imediata, abrangendo todos os efeitos posteriores dos *facta pendentia*. Ex.: acolhimento desta tese pelos tribunais trabalhistas observando que eles atribuem estabilidade a todos os trabalhadores que já contassem dez anos de serviço na mesma empresa, a partir da data da lei instituidora do referido benefício e asseguram férias de trinta dias a todos os trabalhadores que houvessem adquirido o direito ao recebimento de apenas vinte dias, sob o regime da lei anterior, mas não as houvessem ainda gozado.		**VER MI n. 369/DF** Sim.

O AVP incide no caso da vigência da Lei n. 12.506/11 ocorrer no curso do aviso-prévio?	Não. Sergio Pinto Martins e Guilherme Guimarães Ludwig. FUNDAMENTOS: *1)* Por ser um direito potestativo, a consumação do aviso-prévio ocorre quando a comunicação é recebida pela parte contrária e, recebida a comunicação de dispensa/demissão, configura-se ato jurídico perfeito. *2)* O aviso-prévio deve observar a lei vigente na data da comunicação. *4)* Entender diferente seria admitir a retroatividade da lei. *5)* Conforme Súmula n. 371 do TST a projeção do aviso-prévio tem efeitos limitados às vantagens econômicas.	Sim. Antônio Álvares e Parecer n. 570/11/CONJUR-MTE/CGU/AGU FUNDAMENTO: conforme art. 489, o aviso-prévio integra o contrato de trabalho para todos os fins.	Não. Constitui ato jurídico perfeito o aviso-prévio concedido na forma da lei aplicável à época da sua comunicação.	Não.
O AVP incide em rescisões já quitadas?	Não. Sergio Pinto Martins e Guilherme Guimarães Ludwig, Octavio Bueno Magano, Jorge Cavalcanti Boucinhas. FUNDAMENTOS: *1)* A retroatividade é exceção e deve ser expressa, o que não consta da Lei n. 12.506/11. *2)* Os contratos extintos antes da Lei n. 12.506/11 são ato jurídico perfeito (ato já consumado segundo a lei vigente ao tempo em que se efetuou). *3)* O art. 912 da CLT prevê que os dispositivos de caráter imperativo terão aplicação imediata às relações iniciadas, mas não consumadas.	Sim. Antônio Álvares. FUNDAMENTO: *1)* O direito é preexistente. A Lei n. 12.506/11 apenas o tornou exercitável processualmente. *2)* Ao torná-lo exercitável, a lei abarcou todos os trabalhadores abrangidos pelo seu objeto (AVP), mesmo em relação àqueles com rescisão quitada. *3)* O empregado não poderia dar quitação acerca de direito que não poderia ser exercido. *4)* A ação acerca do AVP nasceu com a vigência da Lei n. 12.506/11 e se estende pelo prazo prescricional constitucional, ou seja, 2 (dois) anos para reclamar direitos, compreendidos os cinco anos anteriores. *5)* Não se pode atribuir ao empregado a perda de um direito constitucional para a qual não deu causa.	Não.	Não.

Contagem do AVP	Empregado com 0 anos: 30 dias Empregado com 1 ano: 30 dias. Empregados com 2 anos: 33 dias Empregados com 3 anos: 36 dias	Empregados com 0 anos: 30 dias Empregados com 1 ano: 33 dias Empregados com 2 anos: 36	O MTE alterou a posição inicial adotada no Memorando Circular n. 10/11 e passou a posicionar-se pela 2ª corrente. A nota 184 traz uma tabela com o critério de contagem.	A 2ª deverá prevalecer, ao argumento de aplicação do princípio do *in dubio pro operário*.
Como fica a validade das normas coletivas que já previam AVP?		As cláusulas coletivas serão consideradas válidas, desde que respeitada a proporcionalidade mínima prevista em lei. (Jorge Cavalcanti Boucinha Filho)	As cláusulas coletivas permanecem em vigor se observado mínimo de 3 dias/ano.	
Possibilidade de consideração de frações de tempo de serviço menores a um ano	Impossibilidade. Irany Ferrari e Melchíades Rodrigues Martins, Amauri Mascaro, Antônio Álvares, Sergio Pinto Martins, Guilherme Guimarães Ludwig. FUNDAMENTO: *1)* Ao prever "por ano de serviço", a lei deixa claro que é preciso completar o ano subsequente para ter direito ao AVP, pelo que devem ser desconsideradas frações inferiores a um ano. *2)* A proporcionalidade foi razoavelmente prevista pelo legislador, pelo que prevalece a presunção de legitimidade democrática dos agentes públicos eleitos quanto à criação da norma.	Antônio Álvares da Silva, embora se posicione pela impossibilidade, pondera ser possível que a jurisprudência se posicione de forma diferente, fazendo analogia com o tratamento do tempo de serviço fracionado em matéria de férias e 13º salário.		Impossibilidade.

Projeção do AVP integra o contrato de trabalho?		Sim. Jorge Cavalcanti Boucinhas Filho. FUNDAMENTO: Não há motivo para modificação do entendimento de que o AVI integra o contrato de trabalho. O autor vai além: são mantidos todos os demais entendimentos jurisprudenciais sobre o tema, tais como o relativo ao marco inicial da prescrição bienal, indenização adicional, etc.	Sim, inclusive para fins de percepção de indenização adicional.	
O AVP também é um direito do empregador?	Não. Irany Ferrari e Melchíades Rodrigues Martins, Amauri Mascaro Nascimento, Sergio Pinto Martins, Guilherme Guimarães Ludwig. FUNDAMENTOS: *1)* A Lei n. 12.506/11 direciona-se, expressamente, ao empregado. *2)* Tal direcionamento é confirmado pelo relator do projeto de lei. *3)* Para se entender diferente, a lei precisaria trazer disposição específica do empregador, o que não ocorreu. *4)* A finalidade do AVP está associada à proteção do emprego, direito que só assiste ao empregado. *5)* São do empregador os riscos da atividade econômica, inclusive quanto ao desfalque da mão de obra, sendo razoável o prazo já previsto na legislação.	Sim. Antônio Álvares e relator do projeto de lei do aviso-prévio proporcional na Câmara, deputado Arnaldo Faria de Sá (PTB-SP). FUNDAMENTOS: *1)* A CLT tratou com igualdade as partes do contrato de trabalho, <u>em relação ao dever de conceder aviso-prévio</u>. *2)* A contagem de dias do AV não se modifica quando quem tem a obrigação é o empregador ou o empregado. *3)* A previsão da Lei de contagem do tempo de serviço a favor do empregado decorre do fato de o empregador não ter tempo de serviço a seu favor, já que possui a empresa. *4)* A visão protetiva do Direito do Trabalho deve ser enxergada como um todo e não em todas as suas relações particulares. *5)* Conclusão consentânea com a dupla finalidade do aviso-prévio que, segundo Barata da Silva, seriam, para o trabalhador dispensado, a obtenção	Não. O AVP é direito exclusivo do trabalhador, conforme intuito legiferante manifestado no trâmite do projeto de lei e conforme dispõe o art. 1º da Lei n. 12.506/11.	Não.

		de novo emprego e, para o empresário, a contratação de substituto para ao trabalhador.		
O AVP modificou a regra do art. 488 da CLT? (sobre redução do horário e dias de trabalho para permitir ao empregado dispensado procurar outro emprego).	Não. Amauri Mascaro, Sergio Pinto Martins, Guilherme G. Ludwig e Nota Técnica n. 35/2012/DMSC/GAB/SIT. FUNDAMENTO: *1)* O "aviso-prévio" e o "tempo para procura de emprego" são institutos independentes. *2)* Manutenção do texto do art. 488 da CLT. *3)* Não cabe ao intérprete alterar o número de dias de folga previsto na CLT, prevalecendo a presunção da sua constitucionalidade.	Sim. Antônio Álvares e Jorge Cavalcanti Boucinhas Filho. FUNDAMENTO: *1)* O art. 488, *caput,* da CLT prevê redução de jornada de trabalho *durante o prazo do aviso.* Sendo assim, se o AV for maior de 30 dias, também na mesma proporção deverão ser aumentados os dias em que o empregado pode faltar. Deve ser realizada uma regra de 3 simples. **OBS.:** Para Jorge Cavalcanti, mantem-se a possibilidade de redução diária da jornada em 2 horas, contudo, a possibilidade de sua troca por dias de folga somente se refere a AV de 30 dias.	Não. A Lei n. 12.506/11 não alterou a CLT.	Não.
Limitação do AVP a 90 dias	Constitucionalidade Sergio Pinto Martins FUNDAMENTO: o Constituinte delegou ao legislador infraconstitucional a regulamentação do AVP, sendo possível que este estabeleça limites ao direito.	Inconstitucionalidade Guilherme Guimarães Ludwig FUNDAMENTO: o legislador produziu uma contenção indevida do direito fundamental.		Constitucionalidade. O art. 7º, XXI, da CF não é norma de eficácia plena (esta que não pode ser limitada pelo legislador).

A Lei n. 12.506/11 aplica-se a trabalhadores domésticos?	Não. Sergio Pinto Martins FUNDAMENTO: *1)* A Lei n. 12.506/11 utiliza o termo "empresa", o que permite concluir que não houve regulamentação do AVP da doméstica. *2)* Na relação de emprego doméstica, o vínculo de confiança é mais intenso, pelo que não teria sentido manter o empregado na residência por período superior a 30 dias.	Sim. Guilherme Guimarães Ludwig, Irani Ferrari e Melchíades Rodrigues Martins. FUNDAMENTO: *1)* a CF/88 concede o direito ao AVP ao doméstico. *2)* A omissão do legislador infraconstitucional autoriza a aplicação, por analogia, da Lei n. 12.506/11 aos domésticos. *3)* Conforme normas da OIT, há um esforço para equiparação dos direitos dos domésticos aos demais empregados. *4)* Não há diferença relevante no trabalho doméstico que justifique um tratamento legal distinto do AVP em relação a tais empregados.	Sim. Aplica-se a trabalhadores urbanos, rurais, avulsos e domésticos.	Sim.